경남대 극동문제연구소 북한연구 시리즈 44

글로벌 거버넌스와 북한의 정치 경제

Global Governance and North Korean Politics and Economy

윤대규 엮음

한울
아카데미

서문

경남대학교 극동문제연구소는 지난 2005년부터 정부 재원(교육부 학술연구조성사업비)으로 한국연구재단의 지원을 받아 연구를 수행했다. '북한의 체제전환'을 분석·전망하는 본 연구소의 중점연구는 '분석 수준'에 따라 3단계로 구성되어 있다. 1단계(북한의 체제전환과 국제협력, 2005.12~2008.11)는 북한의 '국내적 수준'에서의 체제전환을 비교사회주의 시각에서 고찰하는 것이었고, 2단계(동북아 질서와 북한의 체제전환, 2008.12~2011.11)에서는 '동북아시아 수준'에서의 변화와 북한의 체제전환의 연관성을 살펴보았다. 그리고 3단계(북한의 체제전환과 글로벌 거버넌스, 2011.12~2014.11) 연구에서는 1·2단계의 연구 성과를 총괄하면서 글로벌 거버넌스가 북한의 체제전환을 어떻게 추동할 수 있을지를 분석하고 북한의 체제전환의 형태와 내용을 전망하는 작업을 진행했다.

연구의 전 단계는 제1세부과제인 정치경제 팀과 제2세부과제인 법제도 팀으로 구분하여 진행되었다. 이 책은 이 가운데 3단계 2차년도 "글로벌 거버넌스와 북한의 대응"이라는 총괄 주제 아래 수행된 제1세부과제의 3단계 2차년도(2013년) 연구인 "글로벌 거버넌스와 북한의 정치경제"의 결과물을 정리한 것이다. 2년차 연구를 통해 제1세부과제(정치경제) 팀은 군사안보, 경제협력, 시민사회의 역할 및 인권 등의 분야에서 글로벌 거버넌스의 접근 방법을 통해 북한의 기존 대응과 향후 전망을 현실적 가능성의 차원에서 분석·평가했다. 이는 지난 3단계 1차년도에서 사회주의 체제전환의 다른 사례를 검토한 것과 연관되는 것이며, 차기년도의 연구를 위한 토대적 연구이기도 하다.

세부적으로는 정치적·경제적 영역과 함께 인권·인도주의의 중주제를 중심으로 정부개발원조(ODA) 차원의 개발협력 지원, 북핵 등 안보 문제, 국경무역, 지구시민사회 차원의 대북 지원, 인권 및 평화 레짐(peace regime) 구축 등의 소주제로 나누어 글로벌 거버넌스 차원에서 이루어진 북한에 대한 정치적·경제적 관여에 대해 북한이 어떻게 인식하고 대응하는지를 검토하고 분석했다. 이를 통해 대부분의 경우에서 북한의 체제유지 우선 정책에 따라 글로벌 거버넌스의 효력이 한정적으로 나타났지만, 체제유지를 담보하는 수준에서 부분적 효과가 발생한 측면도 살펴볼 수 있었다.

이 책의 출간에 도움을 주신 많은 분들께 깊은 감사의 인사를 전하고 싶다. 먼저 본 중점연구소 지원 사업에 재정적 지원을 아끼지 않은 한국연구재단 관계자 여러분께 깊은 감사를 드린다. 그리고 본 연구 수행의 행정적 지원을 함께해준 경남대학교 박재규 총장님과 산학협력단 관계자분들, 그리고 교직원 및 중점연구 참여 조교 선생님들의 많은 도움이 있었기에 출간이 가능했다. 이들 모두에게 깊은 감사를 드린다. 책의 출간을 위해 각별히 애써주신 한울엠플러스 대표님과 관계자분들께도 심심한 감사의 말씀을 전한다.

이 책이 관련 연구자는 물론 북한의 변화 가능성에 대해 궁금해하는 여러 독자들에게 의미 있는 자료가 될 수 있을 것이라고 기대한다. 여러 사람들의 열의와 노력이 모여 세상에 나온 이 책이 북한의 변화와 통일을 준비하는 많은 이들에게 널리 활용되고 작은 도움이라도 되기를 바라는 마음이다.

2016년 2월

경남대학교 극동문제연구소장 윤대규

차례

제**1**장

글로벌 개발협력 거버넌스에 대한
북한의 인식과 대응

두만강 지역 개발을 중심으로

박 병 인

1. 서론

글로벌 거버넌스(governance)로서의 유엔개발계획(이하 UNDP)이 주도하는 두만강 개발은 초국가적 거버넌스 활동의 주요한 사례이다. 이는 현실주의에 입각한 국제정치가 첨예하게 활보하는 동북아 역내에서 공동협력의 싹을 키우고 있음을 보여준다. 이 글은 두만강 접경 지역에서 글로벌 개발협력 거버넌스가 어떻게 전개되고 있으며, 최근 북한은 이에 대해 어떻게 인식하고 대응하는지 분석한다.

1991년 UNDP의 주도하에 중국, 러시아, 북한, 한국, 몽골, 일본 등 6개국은 두만강 지역 개발협력의 서막을 열었다. 25년여, 4반세기 동안의 두만강 개발은 당초 기대했던 목표와 실제 발전 간에 여전히 큰 격차가 있다. 두만강 지역의 접경 국가들이 참여하는 형태로 전개되는 다자적 공동사업인 두만강 지역 개발은 중앙정부보다는 각국의 지방정부, 국제기구 및 민간 영역이 주도적으로 사업을 이끌어가는 형태이다. 한때 동북아 지역에서는 한국 정부의 주도하에 동북아 공동체를 모색하려는 시도가 활발하게 전개되었던 시기가 있었다. 그러나 아직 근대의 모순조차도 극복하지 못한 동북아는 역내 갈등의 벽을 넘지 못했고 공동체의 꿈은 아직 진행형이다. 이때 지난 세기 1991년 시작된 두만강 개발협력 거버넌스가 국가 차원의 갈등을 극복하고 새로운 소지역 협력의 공간을 창출할 수 있을 것인지 관심을 불러일으키고 있다.

한편 북한은 이 협력의 메커니즘에서 매우 중요한 축임에도 불구하고, 협력보다는 갈등의 당사자가 되고 있다. 두만강 지역 개발을 위한 거버넌스로서의 두만강 지역 개발계획(Tumen River Area Develoment Programme: TRADP)은 1991년 이래 3단계 사업을 끝으로 그 역할을 마무리하고 2005년 장춘회의를 통해 광역 두만강 개발계획(Greater Tumen Initiative: GTI)으로 거듭났다. 그간 북한은 회원국으로 활동했으나 2009년 GTI 회원국을 탈퇴하면서 역외국으로 남았다. 그러나 두만강 지역 개발이라는 거시적 차원에서는 꾸준히 접경 지역에 투자 여건을 정비해왔다. 비록 북한이 GTI라는 거버넌스의 제도적 틀 내에서 참여하지는 않지만 동북아 지역의 특수한 지정학적 여건을 고려할 때 이러한 사업들은 북·중, 북·러 등 양자적 협력을 통해 글로벌 개발협력 거버넌스가 지향하는 방향으로 사업이 진행된다고 볼 수 있다.

이 글은 본격적으로 논지를 전개하기에 앞서 이제까지의 유관 선행연구 중 대표적인 논문과 단행본을 살펴보았다.[1] 윤승현(2009)은 두만강 지역의

---

[1] 박동훈, 「두만강지역 개발과 국제협력: 중국 창지투 선도구 건설의 국제환경 분석」, ≪한국동북아논총≫, 제57호(2010); 임을출, 「동북아 개발협력: 북한의 인식과 법제적 대응」, ≪통일정책연구≫, 제19권 2호(2010); 전형권, 「동북아 소지역협력과 지역 거버

개발 확대가 환동해권의 확대와 발전으로 이어지고 있어 향후 동북아의 경제발전을 이끌어갈 것으로 예상했다. 박동훈(2010)은 두만강 지역 역내의 주요 국가 가운데 중국의 시각과 정책적 정향을 파악했다. 임을출(2010)은 북한의 동북아 개발협력에 대한 인식과 평가를 법제적 측면에서 수행했다. 조명철·김지연(2010)은 GTI 사업의 활성화 가능성과 그 방안을 제시하고 있다. 신범식(2013)은 동북아 소지역 협력이 중국 주도의 경직된 사회적 자본으로 형성되기보다는 러시아와 한국 그리고 북한 사이의 협력이 중요한 역할을 할 수 있음을 제기한다. 그 외 다수의 논문이 글로벌 거버넌스와 두만강 개발이 연계된 연구를 수행했으며, 이 연구에 유용한 시사점을 제공해 주었다.

이 글은 이와 같은 연구의 성과들을 기반으로 북한의 글로벌 개발협력 거버넌스에 대한 포괄적 인식과 북한이 동북아 협력 및 두만강 유역 개발에 어떠한 시각을 통해 접근하고 대응하는지 살펴보았다. 특히, 최근의 북한 문헌을 통해 김정은 정권 출범 이후 북한의 글로벌 거버넌스에 대한 인식을 분석했다. 또한 2014년 러시아의 크림반도 합병으로 촉발된 우크라이나 사태 이후 북한과 러시아의 접근 움직임, 북·중 협력 동향, 북한 접경지대인 나진-선봉 지역 등의 개발환경 조성 정책 등에 대해 두만강 지역을 중심으로 살펴보았다.

주지하다시피, 두만강 지역 개발에 대한 북한의 적극적 참여는 글로벌

넌스의 등장: 두만강유역개발계획(TRADP)을 중심으로」, ≪국제정치논총≫, 제46집 4호(2006); 신범식 「북-중-러 접경지대를 둘러싼 초국경소지역 개발협력과 동북아시아 지역정치」, ≪국제정치논총≫, 제53집, 3호(2013); 윤승현, 『두만강지역의 신개발 전략과 환동해권 확대 방안』(강원: 강원발전연구원, 2009); 조명철·김지연, 『GTI(Greater Tumen Initiative)의 추진동향과 국제협력방안』(서울: KIEP, 2010) 참조.

거버넌스가 성과를 낼 수 있는 중요한 요소이다. 따라서 두만강 지역을 중심으로 글로벌 거버넌스에 대한 북한의 인식과 대응 전략을 분석하는 것은 향후 두만강 지역 개발을 통한 동북아 평화와 협력 공간 창출을 위한 시사점을 제공해줄 것이다. 이 글의 세부적인 내용은 '제2절 글로벌 개발협력 거버넌스와 두만강 지역', '제3절 글로벌 개발협력 거버넌스에 대한 북한의 포괄적 인식', '제4절 두만강 지역 개발에 대한 북한의 인식과 대응', '제5절 결론'으로 구성되어 있다.

2. 글로벌 개발협력 거버넌스와 두만강 지역

1) 두만강 지역에 대한 글로벌 개발협력 거버넌스의 작동

두만강 지역은 중국, 러시아, 북한 3국의 접경지대에 위치하며 동북아 지역에서 특수한 지리적 위치를 점하고 있어, 이 지역의 발전은 동북아 및 아·태 지역 경제발전의 중요한 역할을 수행할 수 있다. 두만강 지역에 대한 지리적 범위는 광의와 협의로 구분된다. 광의의 두만강 지역은 중국 동북 지구, 몽골, 러시아 극동, 북한과 한국의 서해안을 포괄한다. 협의의 두만강 지역은 이른바, 대삼각과 소삼각으로 구분한다. 대삼각 지역은 러시아의 블라디보스토크(Vladivostok), 중국의 옌지(延吉) 시, 북한의 청진시를 두만강 경제개발구로 칭하며, 면적은 1000제곱킬로미터이다. 한편 실질적 개발 지역은 '소삼각'이다. 소삼각은 북한의 나진-선봉, 중국의 훈춘(琿春), 러시아의 포시에트, 3개 시가 소삼각을 이루며 면적은 100제곱킬로미터이다. 두만강의 지리적 위치의 특수성, 각종 자원의 풍부성, 자연경관의 우수성은 세계

에서 가장 개발 가치가 있는 지역으로 평가받고 있다.[2]

이러한 두만강의 지역적 특성은 학자들의 관심은 물론 각 정부 관계자들의 주목을 받게 되었다. 1991년 7월 몽골 울란바토르에서 열린 동북아 소지역 개발계획에 관한 정부 간 회의에서 UNDP는 이 지역을 동북아 지역의 4개 분야 제5차 중점 예산 사업 중 최우선 사업으로 지정했고, 이는 정부 간 개발협력 사업으로 발전하게 되었다. 이와 함께 다자간 개발협력 구상의 경제적 보완성을 구체화하기 위해 한국과 일본의 자본을 러시아 극동 지역, 중국 동북 지역, 북한 등의 지역에 투입하는 개발 프로젝트가 검토되었다. 이 프로젝트에는 러시아 사할린 석유 및 천연가스 개발, 야쿠츠크와 이르쿠츠크 지역의 천연가스 개발, 중국 헤이룽장 성(黑龍江省) 삼각 평원 개발 등이 대상으로 검토되었으나 이 가운데 가장 중요하게 검토된 중국, 러시아, 북한 3국의 접경 지역을 국제적으로 개발하자는 두만강 지역 개발계획(TRADP)이 중요성을 가지게 되었다.[3]

이렇게 두만강 지역이 국제사회의 주목과 검증을 거치는 가운데 1991년 10월 24일 UNDP는 뉴욕 본부에서 기자회견을 개최해 국제사회를 향해 두만강 유역 삼각주를 개발할 것을 선언했던 것이다.

그러나 두만강 지역이 갖고 있는 풍부한 개발 잠재력에도 TRADP 사업은 별다른 성과를 거두지 못했다. 그 결과 회원국들은 2005년 TRADP를 GTI[4] 체제로 전환하고 협력 범위를 과거 러시아, 중국, 북한 중심에서 한국

2) 毛健·刘晓辉·张玉智,「图们江区域多边合作开发研究」,『中国软科学』, 第5期(2012); pp. 80~81.

3) 윤승현,『두만강지역의 신개발 전략과 환동해권 확대 방안』, 8~9쪽.

4) GTI는 1990년대 초 유엔개발계획이 주도한 두만강 지역 개발계획(TRADP)에 그 모태를 두고 추진되는 정부 간 협력체계를 의미하며, 동북아시아 경제개발과 협력 증진을

의 강원도와 부산 지역, 몽골, 일본으로까지 확대하는 조치를 취했다. 그러나 이러한 노력에도 GTI 사업은 최근까지 추진력이 약했다. 그러나 중국과 러시아가 두만강 접경 지역의 운송 인프라 확충에 적극적으로 참여함에 따라 GTI 사업의 활성화 가능성이 전망되고 있다.

중국은 2009년 두만강 개발사업을 동북 3성 개발계획과 연동해 중앙정부 사업으로 책정하고 격상한 바 있다.[5] 즉, 랴오닝 성(遼寧省), 지린 성(吉林省), 헤이룽장 성과 각 성의 특성에 부합해 실행에 나서고 있다. 랴오닝 성은 '5점 1선' 계획, 지린 성은 '창지투(長吉圖) 사업' 계획, 헤이룽장 성은 '하다치(哈大齊) 공업벨트 조성' 계획을 토대로 추진되고 있으며, 이는 랴오닝 성의 '2대기지, 3대 산업' 발전 전략, 지린 성의 '5대 기지' 발전 전략, 헤이룽장 성의 '6대기지' 발전 전략으로 확장해나가는 모습을 보이게 된다.

한편, 러시아의 GTI 참여는 신극동 지역 개발 전략과 맞물려 계획·추진되고 있다. 러시아 정부의 신극동 지역 개발 전략은 극동·자바이칼 지역 개발사업, 에너지·교통 장기 전략 2020 사업, 에너지자원의 통합된 공급 시스템 구축 사업을 포함한다.[6] 북한은 두만강 지역과 나선 지역 개발과 관련해 당초 기대보다 저조한 사업성과 및 국제사회의 제재에 대한 불만으로 2009년 이 사업에 탈퇴하면서, 현재 비회원국이다. 그러나 북한은 중국과 러시아 간 양자 협력을 바탕으로 GTI 사업에 포괄적 연계를 맺어나가고 있다.

목적으로 하는 국제기구다. 한국 기획재정부와 중국 상무부, 러시아 경제개발부, 몽골 재무부 등 4개국 정부 경제 부처가 참여한다.

5) 조명철·김지연, 『GTI(Greater Tumen Initiative)의 추진동향과 국제협력방안』, 3쪽.

6) 제성훈 외, 『러시아 극동·바이칼 지역 개발과 한국의 대응방안』(서울: KIEP, 2014), 233쪽. 최근 러시아는 북한의 대소련 채무 탕감 관련 협정 비준, 교역 대금의 루블화 결제, 나진-하산 프로젝트 수행 등을 통해 북한과의 협력을 강화하고 있는데, 이는 남·북·러 3자 경제협력 프로젝트의 기반 조성 차원에서 고무적인 일이다.

2) 두만강 지역의 개발 환경과 정체 요인

두만강 지역이 개발 초기의 기대보다 상대적으로 정체되고 미발전 상태를 보이는 것은 다음과 같은 주변 환경 요인이 지역 발전과 상호 관계 속에서 서로를 규정하고 있기 때문이다.[7]

첫째, 지역 주변 환경의 복잡성과 불안정성이다. 어느 지역의 개발이든 마찬가지겠지만 두만강 지역의 개발은 안정적인 주변 환경을 필요로 한다. 그동안 동북아 정세는 종종 긴장된 국면을 연출해왔다. 이러한 가운데 분단 상태의 한반도는 단기간에 긴장이 완전히 해소될 기미가 보이지 않는다. 이러한 불안정은 개발과 협력의 공간이 펼쳐지기에는 어려운 구조이다. 두만강 지역은 접경지대로서 지정학적 민감성이 존재해 관련국의 태도가 불명확하고 정비되지 않은 측면이 있다. 관련국들이 지역 개발에 대한 이해가 다른 데다 두만강 지역은 불안정한 한반도 정세로부터 결정적 영향을 받는 위치에 있다. 이처럼 불안정한 두만강 지역의 주변 정세는 개발과 협력에 부정적 영향을 미치고 있다.

둘째, 두만강 지역의 접경국과 인근 지역의 발전 정도가 미약하다. 지역성 개발을 위해서는 어느 정도 개발 여력이 있는 주변 세력이 존재해야 한다. 그러나 두만강 지역 자체는 개발 잠재력을 보유하고 있지만 인접국과 인접 지역의 미약한 발전 정도가 부정적 영향을 미치고 있다.[8] 특히, 북한은 비개방적 태도를 견지하고 러시아는 자국의 극동 지역 개발에도 힘이 부치는 모습이다. 그나마 개발 여력이 있는 일본과 한국은 투자 관심이 주로

---

7) 王衍达,「图们江开发困境中的地区环境原因探析」,『理论探索』, 总第302(2011), p.84.

8) 夏莹·魏景赋,「中俄朝经贸合作现状﹑问题及展望-基于图们江区域开发的视点」,『商业经济』, 第10期(2012), p.66.

제1장 글로벌 개발협력 거버넌스에 대한 북한의 인식과 대응 13

중국 연해 지구에 집중되어 있다. 이 때문에 두만강 사업이 속도를 내지 못하고 지지부진한 면을 보이는 것이다. 게다가 동아시아 차원에서 보더라도 두만강 지역은 동아시아의 핵심 경제지대가 아니다. 두만강 지역이 인접한 것은 동해이고, 환동해 지역 국가 중에서 러시아는 극동 지역 인구가 희소하고, 북한은 경제력이 약하다. 경제력이 상대적으로 강한 일본과 한국도 동해에 인접한 한국의 동부와 일본의 서부 지역은 해당 국가에서 발달된 경제 지역이 아니다.

셋째, 지역 내 국가 간의 교류에 장애가 있다. 우선 북한은 패쇄 국가로서 전체적인 교류의 흐름을 방해하고 있다. 설상가상으로 중국도 개발에 대한 의지는 강하지만 핵심 지역인 지린 성이 폐쇄 국가인 북한과 접하고 있어 실제적으로 고립된 지역이 되고 있다. 러시아는 기본적으로 전략 중심이 유럽이다. 최근 푸틴 3기 정부가 극동개발부를 설치하면서 러시아 동부 지역에 관심을 기울이고 있으나 아직 그 실질적 여파가 두만강 개발로까지 미치지 못하고 있다. 두만강 지역을 둘러싼 주변 환경이 불리한 여건과 원활하지 않은 교류의 문제까지 겹쳐 개발과 발전에 어려움이 가중되고 있다.

넷째, 금융과 투자 문제이다. 금융위기 후 각국 정부는 본국 경제의 회복과 발전에 집중하느라 두만강 개발을 위한 지원과 투자에 여력이 없었다. 북한은 미국에 의한 대북 적대시 정책 등의 유지로 인해 국제사회로부터 자금을 차입하는 데 어려움을 겪고 있는데, 이는 북핵 문제로 더욱 애로가 가중되고 있다. 게다가 러시아만 하더라도 세계은행 회원국이지만 북한은 아시아개발은행(ADB) 및 세계은행의 회원국이 아닌 점도 지역 개발을 위한 금융과 투자자본의 유입을 어렵게 한다.

3. 글로벌 개발협력 거버넌스에 대한 북한의 포괄적 인식

1) 경제적 실리와 정치적 이해의 충돌

북한은 외국 투자자본의 유용성과 종속의 위험에 대한 우려 속에서 사회주의 원칙을 유지하면서 경제발전을 추구하는 모습을 보이고 있다. 이는 사회주의 경직성과 경제발전을 위한 이해관계가 언제든 정면으로 충돌할 수 있는 개연성이 있음을 보여주는 것이다. 기본적으로 북한은 경제 회생과 발전을 위한 과정에서 외국 자본에 대한 유용성은 인식하는 것으로 보인다.[9] 국제사회의 투자를 실리적으로 활용하고 경제발전의 토대로 삼고자 하는 의도도 내비치고 있다.[10] 이는 특히 '경제무역지대'를 활성화시키고자 하는 북한의 인식에도 나타난다.[11] 게다가 선진 기술의 도입에 대한 열망을 드

---

9) 김철호, 「김일성-김정일주의에 의하여 밝혀진 지역의 자주화에 관한 사상」, ≪김일성종합대학학보: 철학 경제학≫, 제60권 제1호(2014), 9쪽. "자립경제건설의 주인은 매개 나라와 민족이지만 다른 나라들과의 련계가 없이는 그것을 성과적으로 실현할수 없다. 자체로 해결할 수 없는 원료와 자재, 자금과 설비, 기술 등을 대외경제관계를 통하여 충족시키는 것은 어느 나라에 있어서나 마찬가지이다."

10) 리정경, 「현실발전의 요구에 맞게 외국투자를 효과적으로 리용하는데서 나서는 원칙적 요구」, ≪경제연구≫, 제4호(2012), 49쪽. "다른 나라의 투자를 우리 혁명의 요구와 리익에 맞게 받아들이고 효과적으로 리용하는 것은 나라의 경제를 발전시키며 대외경제관계를 발전시키는데서 일정한 의의를 지닌다. 현실발전의 요구에 맞게 외국투자를 리용해나가는데서 중요한 문제는 이 사업을 옳은 원칙을 가지고 진행하는 것이다."

11) 유철남, 「경제무역지대에서 금융업조직의 일반적 원칙」, ≪경제연구≫, 제4호(2014), 50쪽. "경제무역지대에서는 국내의 다른 지역과는 달리 국내의 생산적 자원의 리용을 위주로 발전하는 것이 아니라 다른 나라의 자본을 기본원천으로 발전하는 경제 지역이다. 이것은 해외투자자들의 경제적 리익을 원만히 보장할 수 있는 환경과 조건을 부단히 갱신, 완성할 때만이 가능하다."

러내는 것은 낙후된 자국의 과학기술을 선진국과의 협력 속에서 증진하고
자 하는 것으로 볼 수 있다.12) 그러나 미국을 비롯한 서방의 투자에 대해
경계심을 드러내며 사회주의 원칙을 고수하는 가운데 신중하게 접근하는
모습을 보이고 있다.13)

그것은 미제를 비롯한 제국주의자들과 반동들이 우리 나라 사회주의를 내
부로부터 와해시키려고 악랄하게 책동하는 조건에서 우리가 다른 나라의 투
자를 받아들이고 리용하는데서 어떤 원칙을 견지하는가 하는 것은 매우 중요
한 문제로 제기되기 때문이다. 그러므로 외국투자를 리용하는데서 나서는 원
칙적요구를 잘 알고 그곳을 철저히 지켜야 한다.14)

---

12) 김동식, 「현시기 선진기술도입전략에 기초한 투자유치 활동을 전개하는데서 나서는
   몇 가지 문제」, ≪경제연구≫, 제4호(2011), 40쪽. "나라의 과학기술을 최단기간내에
   높은 수준으로 끌어올리기 위하여서는 자체의 과학기술을 끊임없이 발전시키는 것과
   함께 다른 나라의 선진기술을 받아들이는 것도 매우 중요하다. 다른 나라의 선진기술
   을 받아들이는 것은 자금과 시간을 절약하면서 과학기술을 빨리 발전시킬 수 있는 중
   요한 방도이다."
13) 박춘화, 「사회주의원칙을 지키는 것은 선군시대 경제건설로선을 관철하기 위한 중요
   방도」, ≪경제연구≫, 제1호(2014), 9쪽. "사회주의에 대한 신념이 확고하지 못하면
   사람들이 일시적인 난관앞에서도 동요하거나 자본주의시장경제에 대한 환상을 가지
   고 사회주의 원칙에서 리탈하여 사회주의경제의 우월성을 약화시키는 결과를 가져오
   게 된다."; 정영섭, 「현시기 경제사업에서 사회주의원칙을 고수하며 사회주의경제의
   우월성을 높이 발양 시키는데서 나서는 중요한 문제」, ≪경제연구≫, 제3호(2012), 5
   쪽. "경제사업에서 사회주의원칙은 사회주의경제관리의 생명선이며 사회주의원칙에
   서 벗어나면 사회주의경제의 우월성을 발양시킬 수 없고 경제를 발전시킬수도 없으며
   나아가서 나라의 경제 건설과 경제생활에 심중한 후과를 미치게 된다."
14) 리정경, 「현실발전의 요구에 맞게 외국투자를 효과적으로 리용하는데서 나서는 원칙
   적 요구」, 49쪽.

만약, 경제발전을 통한 국익의 증대와 체제의 근간을 이루는 사회주의 원칙이 충돌한다면 정치적 이익을 먼저 고려하고 경제적 이해는 다소 부차적인 차원에서 접근한다.[15) 경제 영역과 정치 영역이 별개로 움직이는 것이 아니라 지극히 실무적인 경제문제일지라도 사회주의적 경제발전을 사회주의 정치 운명과 직결되는 사안으로 인식하고 정치적인 차원에서 접근하는 모습을 보여주고 있다.[16) 이는 향후 북한의 대외 정책과 개혁개방 실행에서 체제보호 우선의 인식을 보여주며, 언제든 정치적 이해를 위해 경제적 이익을 포기할 수 있음을 내비치는 것이다.[17) 이는 비록 근래 정상화의 모습을 보이고는 있지만, 지난 2013년 4월부터 6개월간 조업 중단이라는 개성공단 사태에서 극단적인 모습으로 표출된 바 있다.

----

15) 최광호, 「대외무역에서 혁명적원칙, 사회주의원칙을 지키면서 실리를 보장하기 위한 방도」, 《경제연구》, 제1호(2012), 39쪽. "사회주의 국가가 정치적 리익과 경제적 리익의 호상관계를 풀어나가는데서 나서는 원칙적 요구는 정치적 리익을 실현하는 기초우에서 경제적 이익을 보장하는 것이다. 정치적 리익을 실현하는 기초우에서 경제적 리익을 보장하여야 인민대중의 우리 식 사회주의제도를 옹호고수하고 그에 의거하여 나라의 경제를 발전시키고 인민생활을 향상시켜 나갈 수 있다."

16) 정영섭, 「현시기 경제사업에서 사회주의원칙을 고수하며 사회주의경제의 우월성을 높이 발양 시키는데서 나서는 중요한 문제」, 5쪽. "현시기 경제사업에서 사회주의 원칙을 고수하고 사회주의 경제의 우월성을 높이 발양시키는 것이 중요한 문제로 나서는 것은 무엇보다 먼저 그것이 단순한 경제실무적인 문제가 아니라 사회주의 경제의 운명, 나아가서 우리 나라 사회주의 운명과 관련되는 심각한 정치문제로 되기 때문이다."; 최광호, 「대외무역에서 혁명적원칙, 사회주의원칙을 지키면서 실리를 보장하기 위한 방도」, 38쪽. "사회주의 경제강국건설의 요구에 맞게 대외무역을 발전시키는데서 중요한 문제로 나서는 것은 혁명적 원칙, 사회주의 원칙을 확고히 지키면서 실리를 보장하는 것이다."

17) 김세영, 「대외경제교류의 경제적효과타산에서 지켜야 할 중요원칙」, 《경제연구》, 제1호(2015), 53쪽. "대외경제교류의 경제적효과타산에서 당의 경제건설로선과 철저히 의거하는 것은 대외경제관계를 우리 혁명의 요구와 우리 인민의 지향에 맞게 발전시켜나가기 위한 원칙적 요구로 된다."

한편 오늘날 개발도상국의 경제발전 과정에서 외부로부터 차관을 도입해 활용하는 것은 대세이자 가장 일반적인 국제사회와의 교류 형태인데, 북한은 혹여 자신들이 양육강식의 국제경제 생리의 희생자가 될 수 있음을 경계한다.[18] 그러면서도 외국 투자가 일반적으로 개발도상국 경제발전에 다양한 형태로 기여하고 있으며, 이를 경제발전에 효율적으로 이용하면 긍정적 역할을 할 수 있음을 강조하기도 한다.[19] 외국 자본을 경제발전과 선진 기술의 취득에 활용하되 북한 경제가 외국 자본의 논리에 휘둘리지 않고 경영과 판매 등 기업 활동의 주체성은 지켜야 할 가치로 인식한다.[20]

이러한 사회주의 가치 우선의 인식은 가장 자본주의적으로 운영되어야 할 '경제무역지대'에서 금융업의 활동에도 적용된다.

경제무역 지대에서는 국가의 정치, 경제적리익에 손상을 줄 수 있는 그 어떤 금융관리방법이나 질서가 허용되지 말아야 하며 사회주의제도의 영상을 손상시킬 수 있는 자본주의적인 요소가 금융분야에 침습되어서는 안된다.[21]

---

18) 채광진, 「국제대부와 그 형태」, ≪경제연구≫, 제2호(2012), 56쪽. "국제대부형태들은 지난날 금융업이 발전한 자본주의나라들에서 발생하고 국제대부를 통한 자본의 침투로 발전도상나라들을 경제적으로 예속시키고 략탈하려는 제국주의자들의 의사와 요구에 맞서 발전되어온 것으로 하여 불공평한 국제경제질서를 다분히 담고 있다."

19) 리명숙, 「국제투자의 역할에 대한 리해」, ≪김일성종합대학학보: 철학 경제≫, 제3호(2012), 119쪽. "현시기 발전도상 나라들뿐만 아니라 발전된 나라들도 여러 가지 목적으로 외국투자를 적극 끌어들이고 있으며 그 형태와 방식도 끊임없이 변화되고 있다. 그것은 투자도입국에서 외국투자를 잘 리용하면 그것이 나라의 경제기술적 발전에서 일정한 긍정적 역할을 할수 있기 때문이다."

20) 같은 글, 120쪽. "그러나 외국투자를 잘못 끌어들이면 제국주의자들에게 정치, 경제, 군사적으로 예속될 수 있다. 또한 외국투자는 투자도입국의 주요 경제명맥들이 외국 자본가에게 장악되고 그를 통한 생산과 판매, 경영 활동이 외국 자본가에 의하여 좌우될 수 있는 위험성이 있다."

이와 같은 자본주의 운영 방식에 대한 몰이해와 시장경제에 대한 고압적 태도는 해외투자 유입이 활성화되는 데 가장 큰 장애 요인으로 작용하고 있다.

2) 자본주의국가와 국제 금융기구의 개발협력(지원)에 대한 의구심

북한은 자본주의 국제 질서를 기본적으로 착취적·약탈적 성격으로 규정한다.[22] 또한 서방국가의 대외 정책과 국제 금융기구의 활동에 대해 경계심과 우려를 표하고 있다. 서방국가의 대외 정책을 기본적으로 타국에 대한 지배를 강화하는 수단으로 보고, 이를 집행하는 국제 경제기구도 순수한 투자와 원조 활동 외에 본질적으로는 경제적 지배와 이익 창출을 위한 도구로 인식한다.

제국주의자들은 신식민주의에 매달리면서 보다 은폐되고 교활한 수법으로 다른 나라 인민들을 략탈하고 예속시키기 위한 정책을 집요하게 추구하고 있다.[23]

국제경제기구가 표방하는 규정과 활동목적에는 협력, 원조와 같은 미사려구가 담겨져 있지만 그것은 본질에 있어서 발전도상나라들을 국제경제기구에

---

21) 유철남, 「경제무역지대에서 금융업조직의 일반적 원칙」, 50쪽.
22) 리경영, 「자본주의국제질서의 착취적 및 략탈적 성격」, ≪김일성종합대학학보: 철학, 경제학≫, 제1호(2014), "불평등한 자본주의국제무역질서를 통한 착취와 략탈은 제국주의자들이 발전도상 나라들을 착취하고 략탈하는 중요한 공간이다."
23) 김혜선, 「제국주의적 경제기구의 침략적, 략탈적성격」, ≪경제연구≫, 제4호(2011), 59쪽.

얽매어 놓고 경제적 지배와 략탈을 손쉽게 보장하자는 것이다.[24]

오늘 세계경제에 가장 큰 영향을 미치고 있는 국제경제기구는 미제의 금융
적지배의 도구인 국제통화기금과 세계은행이다.[25]

이렇듯 북한은 국제 금융기구가 신용과 융자를 도구로 하여 대상국 경제
정책에 관여하면서 그 사회의 경제적 성격과 제도에 대한 변화를 시도하는
역할을 하는 것으로 인식하고 경계감을 드러내며,[26] 개발도상국에 경제원
조를 실행하면서 이를 통해 경제적 지배를 효율적으로 실현하고자 한다는
것이다.[27] 국제 경제기구는 미국과 서방국의 통제하에 있으며 경제원조를
매개로 수원국(受援國) 정책에 노골적으로 개입하고, 특히 1980년대 말 소위,
'세계화'는 국제통화기금과 국제무역기구 등을 통해 수원국에 대한 신식민
주의적 진출을 강화하는 것으로 인식한다.[28] 개발도상국에게 자본의 국제

<hr />

24) 같은 글, 60~61쪽.
25) 심은심, 「세계경제를 연구하는데서 제기되는 몇가지 문제」, ≪경제연구≫, 제3호
    (2014), 54쪽.
26) 계춘봉, 「국제금융기구들의 〈지도적역할론〉」, ≪경제연구≫, 제3호(2005), 37쪽. "국
    제금융기구들의≪지도적 역할≫이란 한마디로 말하여 국제금융기구들이 자금융자와
    신용대부라는 경제적 공간을 리용하여 발전도상 나라들의 정부와 계획기관들의 활동
    에 간섭하며 발전도상나라들이 다른 나라들과 맺는 경제적 관계의 성격과 방향을 규
    제하도록 한다는 것이다."
27) 박정철, 「현시기 자본주의나라들의 대외경제정책의 특징」, ≪경제연구≫, 제2호
    (2011), 63쪽. "발전도상나라들에 대한 자본주의렬강들의 교활한 대외경제정책에서
    중요한 것은 또한 경제원조 정책을 리용하여 발전도상나라들에 대한 경제적지배를 효
    과적으로 실현하려고 책동하고 있는 것이다."
28) 최성일, 「미제가 제창하는 〈세계화〉론의 반동성」, ≪김일성종합대학학보: 철학 경
    제≫, 제4호(2007), 42쪽. "미제를 우두머리로 하는 제국주의자들이 경제의≪세계

화는 대외 채무의 증가 속에서 대외 의존을 강화하고 정치적·경제적 입지는 더욱 약화시키는 과정이라는 것이다.[29] 이는 미국이 세계지배질서를 유지하고 공고화하는 수단으로 기능하며 반서방 성향의 국가들에 대해서 언제든지 압박 수단으로 활용하려는 의도를 가진 것으로 인식하고 있다.[30]

오늘날 개발도상국 원조를 실행하는 OECD, IMF, IBRD 등은 미국 및 서방국의 영향권 아래 있으면서 국외 지배력 확대를 위한 도구로 활용하며, 이를 '조약' 또는 '협약'의 이름으로 합법화하는 가운데 그 침략적 속성을 은폐한다고 주장한다. 결국 이를 통해 수원국 민족 산업은 침체되고 그 공간을 서방의 이익이 채우게 되며 수원국 국부의 해외 유출이 일상화된다.[31]

화≫를 본격적으로 강행하기 시작한 1980년대말을 전후로 한 시기로부터 오늘에 이르기까지 적지 않은 발전도상나라들과 민족들이≪국제통화기금과≫과≪국제무역기구≫를 비롯한 국제경제기구들과 국제금융기관들의 신식민주의적인 신탁통치를 받는 비참한 처지에 빠지게 되였다."

29) 리경영, 「자본의 국제화에 의한 발전도상나라들의 경제적처지의 악화」, ≪김일성종합대학학보: 철학 경제≫, 제1호(2011), 121쪽. "자본의 국제화에 의한 발전도상나라들에서의 대외채무의 끊임없는 증가는 이 나라들의 경제적 처지를 더욱 악화시키고 있으며 이것은 제국주의나라들과 발전도상나라들사이의 모순과 대립을 첨예화시키고 제국주의멸망을 다그치게 한다."

30) 김혜선, 「국제경제기구와 그 성격」, ≪김일성종합대학학보: 철학 경제≫, 제4호(2005), 48쪽. "미국을 비롯한 자본주의국가들로 조직된 국제경제기구, 자본주의나라들에 의하여 좌우지되고 있는 국제경제기구들은 례외없이 반동적인 기구들이다. 그것은 이러한 기구들이 새로운 국제경제관계를 세우기 위한 발전도상나라들의 투쟁을 가로막고 낡은 국제 경제질서를 유지공고화하기 위한 수단으로 복무하며 진보적인 나라들에 대한 경제봉쇄책동의 도구로 리용되고 있기 때문이다."

31) 같은 글, 49쪽. "제국주의자들이 해외경제적 팽창을 강화하기 위한 중요한 도구로 국제경제기구를 조작하고 리용하고 있는 것은 저들의 침략과 략탈행위를 국제적인≪협약≫이나≪의무≫를 리행하기 위한 것으로 표방함으로써 그것을≪합법화≫하고 저들의≪원조≫의 침략적 정체를 가리우자는데 있다. 제국주의자들은 국제경제기구를 통하여 경제적으로 뒤떨어진 나라들을 정치, 경제, 군사적으로 예속하고 이 나라들의

여러 나라들에서 시장경제에로의 이행소동이 벌어지고 있는 것과 때를 같이하여 제국주의자들과 독점자본가들은 그 무슨 〈경제협력〉과 〈원조〉에 대하여 떠들어대면서 경제적침투를 감행하기 위하여 교활하게 책동하고 있습니다.[32]

오늘 미제를 비롯한 제국주의자들이≪세계화≫에서 의거하는≪필수적 수단≫이라고 광고하는 개발≪원조≫와 ≪자본시장≫,≪과학기술≫과≪정보의 이전≫등은≪문명보급≫이 아니라 발전도상나라와 민족의 자주권을 빼앗고 경제의 발전을 억제하기 위한 병주고 약주고격의 함정이다.[33]

이러한 예로 북한은 1970년대 아프리카에 대한 서방의 원조를 든다.

1970년대부터 미제는 차관형식의≪원조≫를 기본으로 하였다. 이 시기 미제가 차관형식의 ≪원조≫에 매달리게 된 것은 자본주의 세계가 겪고있는 전례없는 재정경제적 위기와 관련되었으며 새 사회건설을 위한 아프리카인민들의 투쟁이 본격화됨에 따라 자금수요가 계속 높아가고 있는 조건에서 차관형식의 ≪원조≫로써도 이 나라들(아프리카나라)에 대한 정치경제적 예속화를 유지할 수 있다고 타산한데 있었다.[34]

민족산업을 파괴하며 막대한 자원을 략탈하여가고 있다."
32) 『김정일 선집』, 제10권(평양: 조선로동당출판사, 2011), 503쪽.
33) 리신효, 「제국주의자들의 경제 〈세계화〉의 책동과 그 파산의 불가피성」, ≪경제연구≫, 제1호(2006), 54쪽.
34) 량봉선, 「제2차 세계대전후 아프리카나라들에 대한 미제국주의자들의 〈원조〉와 그 반동성」, ≪김일성종합대학학보: 력사·법학≫, 제4호(2011), 82쪽. "≪제국주의자들의 〈원조〉는 하나를 주고 열, 백을 빼앗아가기 위한 략탈과 예속의 올가미이다≫", 『김정일 선집』, 제14권(평양: 조선로동당출판사, 2014), 329쪽.

상술한 바와 같이 북한은 글로벌 개발협력 거버넌스에 대해 유용성과 종속성이라는 이중적 관점에서 접근하면서, 기본적으로 종속성과 약탈성에 더 큰 비중을 두는 인식상의 편협함을 보여준다. 이는 향후 북한의 전폭적인 대외 개방의 흐름에 장애로 작용할 수 있는 부분이다. 그러나 이러한 인식이 실제적인 경제 운영과 대외 협력에서도 그대로 적용되는지는 지켜보아야 할 과제이다.

4. 두만강 지역 개발에 대한 북한의 인식과 대응

1) 동북아·두만강 지역 협력에 대한 인식

북한은 강성대국 건설을 위해서는 외국 자본을 활용하는 것에 대한 필요성을 인식하는 가운데, 포괄적인 기대보다는 우려의 관점이 우위에 있는 것으로 보인다. 그러나 '경제무역지대' 활성화와 과학기술 분야에 대한 선진국과의 협력 증진에는 적극적인 관심을 보이며, 특히 동북아 역내 협력 및 두만강 지역 개발에서는 북한의 인식이 기대와 활용의 모색으로 나타나고 있다.

현재 북한은 GTI 회원국을 탈퇴해 비회원국이며 두만강 지역 개발사업은 개별적·양자적 차원에서 접근한다. 북한의 탈퇴는 핵 개발 등 국제사회와의 마찰에 따른 관계 악화와 GTI 가입에 대한 실질적 혜택의 부재가 원인으로 알려졌다. 그러나 비록 북한이 GTI 회원국은 아니지만 두만강 접경 지역에서 중국과 러시아와 개별적 협력 채널을 가동하면서 포괄적으로 두만강 지역 개발에 참여하고 있다.

실제로 북한은 두만강 지역 개발을 통해 경제적 활로를 모색할 수도 있지만 투자·개·개방의 확대는 체제 안정에 위협이 될 수도 있음을 우려하고 개발과 개방으로 파생되는 다양한 요소에 대한 평가를 진행하는 것으로 보인다. 그러나 최근 북한은 나름대로 체제 안정에 대한 자신감으로 인해 동북아 역내 국가 간 협력과 두만강 지역 개발사업에 유화적으로 접근하는 것을 볼 수 있다.

북한의 국가연구기관인 사회과학원은 2013년 2월의 논문[35]을 통해 동북아 지역에서의 협력을 강조하고 나섰다.[36] 논문은 동북아의 경제협력이 제대로 추진되지 못했던 이유로 '하부구조(인프라)'에 필요한 자금 부족을 꼽으며 과거 동북아시아개발은행 창설, 정부개발원조(ODA)의 활용 등 다양한 방법이 제기되었지만 실천으로 옮겨지지 못했다고 평가했다. 이어 "지역 내에서 경제적으로 앞선 나라들에 의한 필요한 자금의 보장, 국제금융기관의 자금 이용, 나아가서 지역 내 새로운 은행이나 기금을 창립하는 등 보다 적극적이고 혁신적인 자금해결 방도를 모색해야 한다"고 역설했다. 논문은 현실 가능한 협력 사업의 하나로 동북아 지역 내 공동관광계획을 작성하고 관광 협력기관을 설립하는 방안도 제안하는 등 관광사업 협력을 주장하는 한

---

35) 황금해, 「동북아시아 나라들과 지역들 사이의 경제협력을 활성화하는 데서 나서는 몇 가지 문제」, 《사회과학원 학보》, 제1호(2013), 36~37쪽.

36) 북한의 동(북)아시아 역내 국가들과의 협력을 강조하는 모습은 북한의 대표적인 학술지 등을 통해 잇달아 발표되고 있다. 박춘호, 「아시아나라들과의 대외경제협조관계의 특징」, 《경제연구》, 제2호(2013), 57~58쪽; 김홍일, 「세계 여러 나라들과의 경제적협조관계를 확대발전시키기 위한 중요방도」, 《김일성종합대학학보: 철학, 경제학》, 제2호(2014), 113~117쪽; 리철성, 「최근시기 동아시아지역에서 더욱 강화되고 있는 경제적협력과 그 특징」, 《김일성종합대학학보: 철학, 경제학》, 제4호(2013), 126~129쪽 참조.

편 동북아시아 경제공동체와 같은 전 지역적 기구를 창설해야 한다고도 언급했다.

한편, 북한은 최근 연이어 발표한 논문을 통해 동북아 경제협력 사업의 핵심 지대로 두만강 지역 개발을 제안하고 나섰다.[37] 이 논문의 발표기관인 사회과학원은 북한 당국의 중심적 연구기관으로 이는 북한의 공식 입장으로 볼 수 있는 것이다. 이러한 입장은 일찍이 북한이 2009년 제2차 핵실험 이후 GTI를 탈퇴한 이래 두만강 개발에 대한 북한 당국의 공식 입장이라는 점에서 매우 주목되는 인식의 변화라 할 수 있겠다. 논문은 "1990년대부터 오늘에 이르는 20여 년 동안 동북아 경제협력에서 주요 다국(多國) 간 협력 대상으로 등장한 것은 두만강 지역 개발과 그 확대판인 대(大)두만강 지역 개발"이며, 이와 더불어 "그 뒤를 이어 원유, 천연가스 수송관 부설, 시베리아 횡단 철도와 조선 종단 철도의 연결 등이 주목되는 협력 대상"이라고 주장했다. 이처럼 북·러 간 가스관 및 철도사업에 대한 긍정적 인식은 근래 북한과 러시아 간의 밀월이 주변국의 관심을 끌고 있는 것과 연계되어 주목되는 사안이다.

또한 논문에서는 두만강 지역 개발의 정치적 의미도 간과하지 않으면서, 다자간 협력 사업의 유용성을 적극적으로 개진하는 주장을 펼치고 있다.[38] 게다가 협력의 대상으로 '조선반도'를 거명함으로써 남한의 참여도 배제하

---

37) 리행호, 「동북아시아 경제협력의 발전과 조선반도」, ≪사회과학원 학보≫, 제4호 (2014), 43~44쪽.

38) 같은 글, 43쪽. "조선반도는 정치 군사 정세가 긴장되고 경제적 대립도 심한 반면에 여러 면에서 경제적 잠재력이 대단히 크고 지역적으로 동북아의 중심에 위치하고 있기 때문에 다른 나라들과 경제적련계에도 대단히 편리하다"며 "이런 조건에서 조선반도가 동북아시아 경제협력에 적극 참가하게 되면 큰 기여를 할 수 있을 것이다."

지 않는 인식을 보여준다. 아울러 지난 2009년 북한이 탈퇴한 두만강 지역 개발사업인 GTI를 우회적으로 언급하며 협력의 중점 지역으로 두만강을 지칭한 것은 향후 북한이 일정한 조건이 갖추어지면 GTI에 합류할 수 있는 가능성을 보여준다는 측면에서 글로벌 거버넌스로서의 두만강 개발사업이 다시 탄력을 받을 수 있는 계기가 될 것으로 전망한다.[39] 이는 북한이 경제개발구를 통한 경제 활성화 조치가 현실성을 담보하기 위해서는 다자간 협력 사업이 유용할 것이라는 인식의 반영이며, 주변국이 적극적 관심을 표명하는 두만강 지역이 고립의 탈피와 협력의 시발점이 될 수 있을 것이라는 희망을 피력한 것이라 볼 수 있겠다.

특히, 북한은 두만강 지역 개발의 세부적 측면에서 나진-선봉 지역 개발에 대한 애착을 보인다. 북한은 "유엔경제기구들이나 외국전문가들의 타산에 의하면 두만강 삼각 지대를 통해 나가고 들어오는 물동량이 전망적으로는 약 3억 톤에 달할 것으로 추산되고 있다"는 분석을 하면서, 특히 이를 위한 통로로 다음과 같이 나진-선봉 지역을 지목하면서 많은 기대를 걸고 있다.[40]

　　동북아시아의 지리적중심이면서도 동북아시아 국가들과 직접 해류으로 린접되여있는 라선경제 무역지대는 동북아시아나라들과 아시아와 유럽을 련결하는 해류련대의 중심지일뿐만 아니라 가장 가까운 교통로, 대륙교의 교각,

---

39) 같은 글, 43쪽. "1990년대에 동북아 나라들은 경제협력을 강화하기 위해 이 지역에서 일정한 거점, 중심지를 먼저 개발하고 그 성과와 경험에 기초하여 다른 지역들도 전반적으로 개발하는 것이 중요하다는데로부터 그런 거점, 중심지를 바로 두만강 지역으로 선정하는 데 합의를 보았다."

40) 김금희, 「국제적인 화물중계수종기지로서의 라선경제무역지대의 유리성」, 《경제연구》, 제4호(2014), 47~49쪽.

교두로 지목되고 있다.

이처럼 북한이 전반적인 동북아 협력과 두만강 지역 개발을 강조하는 것은 고립된 경제의 활로 개척과 '경제강성대국'을 이루려는 인식의 변화라고 할 수도 있겠다. 강조하는 사업들이 다자간 협력 사업임을 감안하면 이와 같은 전향적인 변화와 태도로 인해 북한의 비적극적 태도로 활로를 찾지 못하는 GTI를 포함해 두만강 지역 개발사업이 활로를 찾을 수 있는 개연성이 높아졌다.

2) 북한의 대응

(1) 대외 협력적 측면

북·중 협력의 정체와 모색

한때 북한 경제를 지탱하는 버팀목으로 기능하던 북·중 협력이 2013년 2월 3차 북핵 실험과 12월 장성택 처형 등으로 정체 국면을 좀처럼 벗어나지 못하고 있다. 그러나 일찍이 북한은 두만강 지역을 중심으로 중국과의 협력에 많은 관심을 기울이고 나진항의 협력개발 및 관련 도로의 개·보수에 중국에 동의한 바 있다. 2010년 11월 19일 북·중 양국은 나선경제무역지대, 황금평 및 위화도 경제지대를 공동 관리·개발하는 협정에 서명했고, 이어서 2011년 6월 9일 북·중 공동 프로젝트가 가동되었다. 이처럼 북한은 중국과의 협력을 통해 연변조선족자치주에 인접한 나선 지구를 국제적인 중계무역 지구, 수출가공구, 금융센터로 육성하고자 하는 의도를 가지고 있다.

북한은 나선특별시를 개발하면서 과거와 같은 실패를 피하기 위해 중국의 동북 3성 개발과 연계해 추진한 것으로 알려졌다. 자력으로 나선특별시

개발이 불가능한 북한은 중국의 대북 투자를 유도해 나선특별시를 대외무역 전진기지로 개발하려는 의향을 내보인다. 중국 또한 나진항 개발을 통해 동북 3성의 물류 효율성을 제고하고 해양 물류망을 확보해 향후 동북아 경제권을 선도하려는 전략을 숨기지 않고 있다.[41] 이처럼 양측은 기본적으로 상호 협력에 대한 전략적 이익을 공유하고 있다.

게다가 북한은 2012년 4월 개정 헌법에 '핵보유국'임을 명시하는 등 군사적·정치적으로 '강성대국' 입지를 다진 것으로 판단하고, 추후 경제적 차원에서의 강성대국을 실현하고자 한다. 경제의 회생과 발전을 위해서는 주변국과의 협력이 필수적이며 특히 두만강 지역에 대한 주변국과의 협력과 개발은 '경제강성대국'을 실현하는 데 중요한 과정으로 판단하고 있다.[42] 따라서 가장 인접한 경제 대국인 중국과의 협력은 현재와 같은 단기적 정체 국면을 벗어나 장기적 관점에서 보면 다시 활발해질 것으로 예상된다.

이러한 경향은 최근 관광 분야에서 나타난다. 북한은 최근 중국 측에 투자 유치를 타진한 것으로 알려졌으며, 러시아와 북한의 접경 지역인 두만강 국경 지대에 국제관광구를 조성하려는 움직임을 보이고 있다.[43] 두만강 국제관광구는 관광산업 활성화를 추진하고 있는 북한이 가장 최근에 내놓은 프로젝트이다. 이를 통해 북한은 취약한 산업 인프라를 재건하는 대신에 단기적인 외화벌이 수단을 마련한다는 계획이다. 향후 이 지역을 방문하는 관광객은 무비자 출입과 면세 쇼핑이 가능할 것으로 보인다. 북한의 관광 활

---

41) 조명철·김지연, 『GTI(Greater Tumen Initiative)의 추진동향과 국제협력방안』, 100쪽.

42) 金祥波·王禹, 「双赢战略: 中朝图们江区域合作与开发」, 『延边大学学』, 第45卷 第4期 (2012), pp.33~34.

43) 新浪, "图们江开发合作纳入国家区域旅游一体化战略", http://finance.sina.com.cn/roll/ 20141129/001920951943.shtml (검색일: 2014.11.29).

성화 프로젝트 대부분은 저렴한 관광지로 북한을 찾는 중국 관광객을 대상으로 한 것이지만 장기적으로는 한국, 일본, 몽골에서도 고속도로, 철도, 항공을 이용해 관광구를 찾을 것으로 예상된다.[44]

그리고 2016년 10월 북·중 간에는 중국에서 북한 나선 경제특구로 가는 관문인 지린 성 훈춘 시 취안허(圈河) 통상구와 북한 나선시 원정리를 잇는 새 교량(일명 신두만강대교)이 개통될 예정이다. 이는 1936년 세워진 총연장 535미터의 취안허-원정리 두만강대교를 대체하는 것으로, 신두만강대교는 638미터의 교량 구간과 접속 도로를 합쳐 총연장 1100미터, 왕복 4차선으로 설계되어 향후 증대되는 양국의 교역 물량에 대비하는 모습을 보인다.[45]

이와 같은 북·중 협력의 모습은 2014년 말 이래 모색되어왔다. 중국은 북·중 관계와 관련해 내부적으로 '관계 개선', '원조(援助) 재개', '지방 위주' 이렇게 세 가지 방침을 세운 것으로 알려졌다.[46] 2015년 3월 8일에는 왕이(王毅) 중국 외교부장이 시진핑(習近平) 중국 국가주석과 김정은의 정상회담 성사 가능성을 언급한 바 있다. 또한 왕 부장은 3월 "올해는 2차 세계대전 종전 후 70년이 되는 해로 지금까지의 국제 질서를 쇄신·개선하는 개혁이 필요하다"며 새로운 국제 관계의 설정을 강조했다. 이러한 국제 관계 인식은 일시적 정체기에 빠진 북·중 관계에 새로운 교류 협력의 계기가 될 것으로 예상해볼 수 있다.

---

44) 중국 신화통신사, http://kr.xinhuanet.com/ (검색일: 2015. 2. 13).

45) 연합뉴스, http://www.yonhapnews.co.kr/bulletin/2015/02/11/0200000000AKR2015 0211048000097.HTML?input=1195m (검색일: 2015. 2. 11).

46) 《조선일보》, "中, 對北 원조재개·관계개선 방침 세운 듯", http://news.chosun. com/site/data/html_dir/2015/03/10/2015031000411.html (검색일: 2015. 3. 10).

이러한 일련의 흐름을 토대로 북한의 대중국 접근이 가속화되면 두만강 지역의 협력 사업도 탄력을 받을 수 있을 것이다. 그러나 일단 북한은 국제기구 참여와 두만강 지역 개발사업을 분리해서 대응하는 모습을 보인다. UNDP가 주도하는 GTI 사업에는 불참하지만 중국과의 협력 사업에는 관심을 표하고 있다. 이는 양국의 지리적 요인도 있겠지만 한국과 단절된 경제 관계로 인해 중국과의 협력이 선택의 여지가 없는 외길이라는 측면도 간과할 수 없다. 그러나 북한이 비록 중국과의 협력을 현 단계에서 가장 현실적인 방안으로 선택했지만 그 나름대로 '의존의 위험'은 인식하고 있다. 이와 같은 인식은 최근 대외 관계의 다변화 추진으로 나타났다.

(2) 밀월의 북·러 협력

최근 북한의 대외 관계에서 가장 주목되는 측면은 러시아와의 밀착 현상이며, 다양한 인적 교류 및 경제협력이 전개되었다는 점이다. 이는 북한이 기본적으로 러시아, 특히 극동 지역과의 협력에 대한 긍정적 인식을 반영한 것이기도 하다.[47] 이러한 인식은 김정은 시대에 들어와서 러시아와 북한의 상호 간 전략적 필요성에 의해 구체적으로 구현되고 있다. 2014년 3월 러시아 연방 타타르스탄 자치공화국의 루스탐 민니하노프(Rustam Minnikhanov) 대통령과 극동개발부 알렉산드르 갈루시카(Aleksandr Galushka) 장관은 북

---

47) 김상학, 「로씨야 원동지역경제발전의 최근 특징」, ≪경제연구≫, 제4호(2013), 55쪽. "원동지역의 경제발전에 일어나고 있는 이러한 변화는 우리 나라가 로씨야 특히, 원동지역과의 경제협력을 더욱 강화할수 있는 조건과 가능성을 마련해주고 있다."; 김상학, 「현시기 대외무역을 다각화, 다양화하여야 할 필요성과 그 실현에서 나서는 몇가지 문제」, ≪사회과학원 학보≫, 제1호(2014), 23쪽. "우리는 로씨야와 오랜 기간에 걸쳐 경제거래를 해온 풍부한 경험과 토대도 가지고있는것만큼 이에 토대하여 로씨야와의 무역 특히 원동지역과의 무역을 발전시키기 위한 사업을 적극 짜고들어야 한다."

한을 방문하면서 인적 교류와 협력의 물꼬를 텄다. 특히 갈루시카 장관은 정체 상태에 있는 양국 교역액을 2020년까지 2014년 3월 기준의 열 배인 10억 달러로 확대하고, 향후 양측 간 교역 시 현재 결제통화인 유로화를 루블화로 대체하는 데 전격적으로 합의했다. 이는 북한이 만성적인 국제 경화(硬貨) 부족을 우회하고, 양측 간 협력을 더욱 심화시킬 수 있는 제도적 기반을 마련했다는 데 의의가 있다. 또한 2014년 4월 말 유리 트루트네프(Yuri Trutnev) 러시아 부총리 겸 극동연방지구 대통령 전권대표는 북한을 방문해 양측 간 다양한 협력 사업을 전개하기로 합의했다.

이와 같은 북·러 간 협력의 분위기 속에서 눈길을 끄는 것은 2014년 러시아가 북한의 대러 채무를 대폭 탕감한 부분이다. 4월 19일 러시아 하원은 구소련이 북한에 빌려준 109억 6000만 달러(약 11조 3797억 원) 중 90%를 탕감하는 협정을 비준하고, 5월 5일 블라디미르 푸틴(Vladimir Putin) 대통령은 이 문서에 서명한 바 있다. 나머지 10%도 북한의 철도, 도로 등 인프라 사업에 재투자될 예정이다. 또한 2014년 10월 북한에서는 '포베다(POVEDA, 승리)'라는 대규모의 북·러 협력 사업이 시작되었다. 이는 북한 철도 현대화와 지하자원의 채굴을 함께 진행하는 사업으로서 3500킬로미터의 북한 철도를 현대화하는 데 약 250억 달러에 20년 정도의 기간이 소요되는 대형 프로젝트이다. [48)]

이러한 포괄적 협력과 함께 두만강 지역에 대한 협력 사업도 눈에 띄게 진전되고 있다. 2012년 나진-하산 간 54킬로미터 철로 개통에 이어 러시아는 북한 나진항 3호 부두를 50년 간 임차하고 있다. 러시아는 2014년 12월

---

48) 박병인, 「북러의 이해관계 맞물린 협력강화, 새로운 성장 동력 발굴기회로 삼아야」, ≪민족화해≫, Vol.72(2015), 31쪽.

나진항을 통해 유연탄 4만 500톤을 한국 포항항으로 운송하기도 했다. 또한 2015년 초에 이미 2400개 객차로 6만 4800톤의 석탄을 북한으로 운반했는데, 이는 1988년 이후 최대 물량 규모이다. 이에 대해 러시아는 나진-하산 프로젝트가 향후, 자국의 시베리아 횡단 철도를 통해 러시아, 유럽, CIS, 한국 등을 연결하는 물류 중심지로 육성하고자 하는 희망을 피력하기도 했다.49)

2015년 2월 모스크바를 방문한 리룡남 북한 대외경제상과 알렉산드르 갈루시카 러시아 극동개발부 장관은 2월 초 출범한 양국 민간경제협력 기구 '비즈니스 협의회' 회의에 참석해 경제협력 강화 방안을 논의했다.50) 양측은 중국과 접경한 북한 함경북도 온성군에서 동해 쪽 나진항으로 이어지는 약 150킬로미터 구간의 철도 개·보수 사업을 러시아가 추진하기로 합의했다.51) 이어서 2015년 2월 24일 러시아 하바롭스크를 방문한 리룡남은

---

49) Евгения Варакина, "Первый груз по ветке «Хасан-Раджин» отправится в Республику Корея"(2014. 11. 26), http://primorsky.ru/news/common/77646/ (검색일: 2015. 2. 22).

50) http://www.nocutnews.co.kr/news/4375600 (검색일: 2015. 3. 2). 모스크바에서 개최된 북·러경제협의회에서는 러시아 극동 지역에서 나선특구에 전력을 공급하기 위한 협의가 진행되었다. 이 계획에 의하면 러시아 측은 향후 10년 동안 총 600메가와트의 전력을 공급하고 송전이 시작되면 2단계로 이를 보완할 새 송전망과 발전소를 건설할 계획임을 밝혔다. 이 사업은 원래 중국 측과 진행되었으며, 두만강 유역의 양국 접경인 중국 지린 성 훈춘에서 나선특구까지 66킬로볼트의 송전선로 97.8킬로미터를 설치하고 나선시에 변전소를 건설하는 것을 주요 내용으로 2014년 6월 마무리 할 계획이었다. 그러나 북·중 관계의 악화로 사업이 지연되자 북한 측은 공급원을 러시아로 바꾼 것으로 보인다.

51) 연합뉴스, "라-北 경제협력 강화 … 北철도 추가 개보수 합의", http://news.naver.com/main/read.nhn?mode=LSD&mid=sec&sid1=104&oid=422&aid=0000105241 (검색일: 2015. 2. 28).

"북한과 하바롭스크 변강 주, 그리고 러시아 전체의 교역량은 정치 분야의
협력과 비교할 때 아직 미흡한 수준에 머물고 있다. 우리는 2020년이 오기
전에 양국 교역량을 10억 달러, 금년 말까지는 3억 달러 수준으로 끌어올린
다는 계획을 갖고 있다. 이를 위해서는 무역과 투자 협력을 확대해야 한다"
고 밝혔다. 당시 리용남은 북한이 지속적으로 농업(하바롭스크 변강 주에 온
실 건설), 운송(북한 '포베다' 철도 개·보수), 기계공업, 러시아 자본을 이용한
북한 유용광물 산지 개발, 관광 분야에서 러시아와의 협력을 확대할 계획이
라고 밝혔다. 또한 "하바롭스크 변강 주와 온라인 교역(e-무역) 시스템을 구
축할 의향도 있다. 그렇게 되면 교역 시 발생하는 여러 문제점을 해결할 수
있을 것"이라고 덧붙였다.[52]

이처럼 북한은 러시아의 대북 접근에 적극적으로 화답하며, 양측 간 포
괄적 협력 분위기를 형성하면서, 동시에 접경지대 협력을 이어나가고 있다.

(3) 북한의 대내적 대응

지난 20세기 1990년대 초기에 북한은 나진-선봉 지역에 자유경제무역지
대를 설치했으나 미비한 사회기반 시설, 외자 관련 법률의 미비, 경제정책
의 모호성 등 여러 부정적 요소로 인해 발전이 지체되었다. 당초 북한은 나

---

52) ≪러시아 포커스≫, "하바롭스크 방문 리룡남 북 대외경제상 "5년 내로 양국 교역량
10억 달러로 확대"", http://russiafocus.co.kr/news/2015/02/24/5_10_46657.html
(검색일: 2015.2.24). 세르게이 셰트네프 하바롭스크 부주지사는 2013년 하바롭스크
와 북한의 교역량이 불과 약 10만 달러에 불과했으며, 이는 하바롭스크 변강 주의 전
체 대외 교역량의 1%에도 못 미치는 규모라고 지적했다. 2014년에도 교역량에는 변
동이 없었다. 2015년 현재 하바롭스크 변강 주 내에는 15개의 북한 합작회사가 활동
중이며, 이는 전체 외국 합작회사의 2%를 살짝 넘는 수치다. 2015년 현재 하바롭스크
변강 주에 등록된 외국 합작회사 수는 총 715개이다.

선경제무역지대가 세계적인 경제무역지대로 발전되어 경제발전과 국민생활 향상에 기여하는 역할을 수행할 것을 희망했다. 이것이 김일성 주석의 유훈임을 강조하며, 이러한 유훈을 철저히 시행해 북한의 중요한 대외무역의 거점을 만들어 '강성대국건설'에 기여할 것을 목표로 하고 있다. 이러한 배경 속에서 2009년 12월 나선시는 특별시로 격상되었으며, 이어서 2010년 1월 27일 최고인민회의 상임위원회정령으로 '조선민주주의인민공화국 라선경제무역지대법'을 수정·보충해 공포했다. 이와 함께 2010년 9월 5일에는 나선특별시에서의 외국인 투자 환경을 개선하기 위해 '라선경제무역지대 외국투자기업 및 외국인 세금 규정세칙'을 공표했다.[53]

한편 북한은 김정은 시대에 들어와 나진·선봉 지역을 중앙급 경제특구(나선경제무역지대)로 재지정하면서 중국과 러시아와의 협력을 도모하고 있다. 북한의 5개 중앙급 경제특구와 19개의 지방급 경제개발구는 김정은 체제 출범 이후 외국 자본 유치를 통해 경제를 회생시키기 위한 역점 사업으로 꼽힌다. 경제발전에 김정은 체제의 사활이 걸린 만큼 이 부분에 국가 역량을 집중할 가능성이 높다. 이를 위해 2014년 6월에는 합영투자위원회, 국가경제개발위원회, 무역성을 통폐합해 외자 유치 주무 부처인 '대외경제성'을 신설한 바 있다.[54]

북한은 현재 러시아와 나진-하산 구간 철로 개·보수 및 나진항 현대화를 통한 물류 운송사업인 '나진-하산 프로젝트'를 추진하고 있는 데다 포스코, 현대상선, 코레일 등 한국 기업들도 참여하고 있어 '남·북·러 3각 협력 사

53) 강종철, 「라선경제무역지대 외국투자기업 및 외국인세금 제도의 특징과 그 운영을 개선하는데서 나서는 몇가지 문제」, ≪경제연구≫, 제2호(2011), 58쪽.

54) ≪서울경제신문≫, http://economy.hankooki.com/lpage/politics/201501/e2015010 4174314120280.htm (검색일: 2015.1.4).

업'의 가능성도 다대하다. 전문가들도 나진항이 개발되고 한반도종단철도(TKR)와 시베리아횡단철도(TSR)가 연결되면 이 지역이 물류의 중심으로 거듭날 수 있음을 지적한다. 북한도 이러한 나선경제특구의 잠재력을 인식하고 적극적인 환경 개선의 의지를 밝히고 있다.[55]

현재 북한은 핵 개발로 인해 국제사회의 제재를 받는 상황이지만 나선경제특구에서의 투자 환경을 개선해나가면서, 통관 문제 등 경제 전반에 대한 개선 조치를 시행해나가고 있다. 또한 특수 경제지대로서의 나선자유경제무역지대에 대한 기대를 숨기지 않는다.[56] 근래 나진-선봉 지역은 경제적 분위기가 많이 호전되어 대내외적으로 상업적 거래가 매우 활발하게 전개되고 있다.[57] 만약 북한을 둘러싼 주변 정세가 안정화된다면 좀 더 적극적으로 이 지역에 역량을 집중할 것으로 보인다.

---

55) 전장석, 「라선경제무역지대의 지대봉사계획화의 본질적 내용」, ≪사회과학원 학보≫, 제2호(2014), 28쪽. "라선 경제무역지대에서의 지대봉사업은 라선경제무역지대에 체류하고있거나 투자활동을 벌리고 있는 외국인들의 물질문화적수요와 생활상 편의를 보장하고 투자가들의 기업활동에 유리한 조건을 보장해주는 경제활동이다."

56) 김은순, 「특수경제지대의 발생발전과 류형」, ≪경제연구≫, 제2호(2014), 57쪽. "특수경제지대는 또한 경제무역지대가 설치된 나라 공업의 현대화를 촉진시키고 전통적인 공업구조를 개조하며 수출상품구조도 개변시킨다. 이것은 세계적 범위에서 자금류통과 기술이전을 추동할뿐 아니라 경제합작과 기술교류를 추동하고 세계시장의 확대를 다그칠 수 있게하며 세계경제의 발전을 촉진시키는데서 일정한 역할을 한다."

57) Mark KIM, 「Walk This Way?: Chinese JV Shoe Manufacturing in the Rason Economic and Trade Zone」, 극동문제연구소 국제학술회의(Doing Business in North Korea, 2015.1). 지역 내에서 2만 달러 정도의 아파트가 거래되고 있고, 외국인 기업에 종사하는 북한 근로자는 일인당 100달러 정도의 임금을 받고, 이 중 40달러 정도를 수취해나가는 것으로 알려지고 있다. 이는 중국 투먼 지역에서 중국 및 북한 근로자가 100여 달러 받는 것과 비교해서도 적지 않은 금액이다.

5. 결론

지금까지 두만강 지역 개발에 대한 25년여의 발전 여정을 살펴보았지만 당초 기대했던 각종 장밋빛 청사진은 현실화되지 못했다. 동북아 지역 각국은 이데올로기, 정치제도, 경제체제 등의 분야에 존재하는 모순을 극복하지 못했고 이러한 것은 협력의 발목을 잡고 발전의 제약 요인이 되어왔다. 또한 중앙정부의 참여 부족, 지방정부의 여력 부족, 기업의 관심 부족, 협력 지역의 지리적 범위와 협력 목표의 상이점, 금융과 투자보장 기제의 결핍 등은 두만강 지역 협력개발 사업의 진전을 가로막았다.[58]

두만강 지역이 발전 잠재력에도 불구하고 정체되고 실질적인 진전을 이루지 못하는 것은 상술한 주변 환경 및 개발 기제의 한계도 있지만 무엇보다 북한의 GTI 회원국 탈퇴와 북핵 문제로 인한 동북아 정세의 불안정성도 원인으로 지목된다. 북한이 GTI 회원국을 탈퇴하면서 이 프로젝트가 동력을 잃고 있는 부분에는 그들에게 일말의 책임이 있다. 게다가 글로벌 개발 협력 거버넌스에 대해 대체로 부정적인 인식을 가지고 있음을 감안하면 두만강 지역의 다자간 개발협력의 주요한 주체인 북한이 앞으로도 진정성을 가지고 역내 협력 사업에 참여할지도 불확실하다.

그러나 북·중 관계가 2013년 2월 제3차 북핵 실험 이후 정체되어 있지만 새로운 모색을 하고 있고, 북한의 대러시아 접근과 협력 증진은 두만강 지역을 중심의 개발협력 활성화를 위한 새롭고 긍정적 변수로 떠오르고 있다. 또한 근래 북한의 동북아 협력에 대한 긍정적 인식, 나선경제특구를 포함한

---

58) 吴昊·马琳, 「图们江区域开发合作20年: 愿景何以难成现实」, 『吉林大学社会科学学』, 第 52卷 第6期(2012), p.137.

두만강 인근 지역에 대한 투자 환경의 개선 및 나선 지역에 대한 대외 개방과 개발 의지는 진전된 상황 전개라 할 수 있겠다.

최근 김정은 정권은 상대적으로 안정화되는 모습을 보이고 있다. 이는 국제사회로의 획기적 개방 정책 실시는 불명확하더라도 부분적으로는 개방화의 추세를 보이면서 나진-선봉 지역에 대한 투자 여건의 조성과 관심도 제고로 이어질 것으로 보인다. 이때 동북아 지역의 전략적 요충인 두만강 지역 일대가 북·중·러 삼각축이 강화되는 현장이 되는 것을 그저 바라만 볼 것이 아니라 유관국 동향을 예의주시하는 가운데 GTI로 확대·운영 중인 두만강 지역 개발협력 사업에 전향적으로 대처해나가야 할 것이다. 또한 최근 밀착하는 북·러 관계도 견제와 우려의 시선에만 머물지 말고 남·북·러 삼각협력을 통해 새로운 성장 동력을 발굴하는 계기로 활용해야 한다.

참고문헌

1. 북한 자료

1) 단행본

김정일. 2012. 『김정일 선집』, 제14권. 평양: 조선노동당출판사.

_____. 2011. 『김정일 선집』, 제10권. 평양: 조선노동당출판사.

2) 논문

강종철. 2011. 「라선경제무역지대 외국투자기업 및 외국인세금 제도의 특징과 그 운영을 개
　　　선하는데서 나서는 몇가지 문제」. ≪경제연구≫, 제2호.

계춘봉. 2005. 「국제금융기구들의 〈지도적역할론〉」. ≪경제연구≫, 제3호.

김금회. 2014. 「국제적인 화물중계수송기지로서의 라선경제무역지대의 유리성」. ≪경제연
　　　구≫, 제4호.

김동식. 2011. 「현시기 선진기술도입전략에 기초한 투자유치 활동을 전개하는데서 나서는
　　　몇 가지 문제」. ≪경제연구≫, 제4호.

김상학. 2014. 「현시기 대외무역을 다각화, 다양화하여야 할 필요성과 그 실현에서 나서는
　　　몇가지 문제」. ≪사회과학원 학보≫, 제1호.

_____. 2013. 「로씨야 원동지역경제발전의 최근 특징」. ≪경제연구≫, 제4호.

김세영. 2015. 「대외경제교류의 경제적효과타산에서 지켜야 할 중요원칙」. ≪경제연구≫,
　　　제1호.

김은순. 2014. 「특수경제지대의 발생발전과 류형」. ≪경제연구≫, 제2호.

김철호. 2014. 「김일성-김정일주의에 의하여 밝혀진 지역의 자주화에 관한 사상」. ≪김일성
　　　종합대학학보: 철학 경제학≫, 제60권 제1호.

김혜선. 2011. 「제국주의적 경제기구의 침략적, 략탈적성격」. ≪경제연구≫, 제4호.

_____. 2005. 「국제경제기구와 그 성격」. ≪김일성종합대학학보: 철학 경제≫, 제4호.

김홍일. 2014. 「세계 여러 나라들과의 경제적협조관계를 확대발전시키기 위한 중요방도」.
　　　≪김일성종합대학학보: 철학, 경제학≫, 제2호.

량봉선. 2011. 「제2차 세계대전후 아프리카나라들에 대한 미제국주의자들의 〈원조〉와 그 반
　　　동성」. ≪김일성종합대학학보: 력사, 법률≫, 제4호.

리경영. 2014. 「자본주의국제질서의 착취적 및 략탈적 성격」. ≪김일성종합대학학보: 철학, 경제학≫, 제1호.

_____. 2013. 「로씨야 원동지역경제발전의 최근 특징」. ≪경제연구≫, 제4호.

_____. 2011. 「자본의 국제화에 의한 발전도상나라들의 경제적처지의 악화」. ≪김일성종합대학학보: 철학 경제≫, 제1호.

리명숙. 2012. 「국제투자의 역할에 대한 리해」. ≪김일성종합대학학보: 철학 경제≫, 제3호.

리신효. 2006. 「제국주의자들의 경제 〈세계화〉의 책동과 그 파산의 불가피성」. ≪경제연구≫, 제1호.

리정경. 2012. 「현실발전의 요구에 맞게 외국투자를 효과적으로 리용하는데서 나서는 원칙적 요구」. ≪경제연구≫, 제4호.

리철성. 2013. 「최근시기 동아시아지역에서 더욱 강화되고 있는 경제적협력과 그 특징」. ≪김일성종합대학학보: 철학, 경제학≫, 제4호. 평양: 김일성종합대학출판사.

리행호. 2014. 「동북아시아 경제협력의 발전과 조선반도」. ≪사회과학원 학보≫, 제4호.

박정철. 2011. 「현시기 자본주의나라들의 대외경제정책의 특징」. ≪경제연구≫, 제2호.

박춘호. 2013. 「아시아나라들과의 대외경제협조관계의 특징」. ≪경제연구≫, 제2호.

박춘화. 2014. 「사회주의원칙을 지키는 것은 선군시대 경제건설로선을 관철하기 위한 중요 방도」. ≪경제연구≫, 제1호.

심은심. 2014. 「세계경제를 연구하는데서 제기되는 몇가지 문제」. ≪경제연구≫, 제3호.

유철남. 2014. 「경제무역지대에서 금융업조직의 일반적 원칙」. ≪경제연구≫, 제4호.

전장석. 2014. 「라선경제무역지대의 지대봉사계획화의 본질적 내용」. ≪사회과학원 학보≫, 제2호.

정영섭. 2012. 「현시기 경제사업에서 사회주의원칙을 고수하며 사회주의경제의 우월성을 높이 발양 시키는데서 나서는 중요한 문제」. ≪경제연구≫, 제3호.

채광진. 2012. 「국제대부와 그 형태」. ≪경제연구≫, 제2호.

최광호. 2012. 「대외무역에서 혁명적원칙, 사회주의원칙을 지키면서 실리를 보장하기 위한 방도」. ≪경제연구≫, 제1호.

최성일. 2007. 「미제가 제창하는 〈세계화〉론의 반동성」. ≪김일성종합대학학보: 철학 경제≫, 제4호.

황금해. 2013. 「동북아시아나라들과 지역들사이의 경제협력을 활성화하는데서 나서는 몇가지 문제」. ≪사회과학원 학보≫, 제1호.

2. 국내 자료

1) 단행본

윤승현. 2009. 『두만강지역의 신개발 전략과 환동해권 확대 방안』(강원: 강원발전연구원).

제성훈 외. 2014. 『러시아 극동·바이칼 지역 개발과 한국의 대응방안』(서울: KIEP).

조명철·김지연. 2010. 『GTI(Greater Tumen Initiative)의 추진동향과 국제협력방안』(서울: KIEP).

2) 논문

박동훈. 2010. 「두만강지역 개발과 국제협력: 중국 창지투 선도구 건설의 국제환경 분석」. ≪한국동북아논총≫, 제57호.

박병인. 2015. 「북러의 이해관계 맞물린 협력강화, 새로운 성장 동력 발굴기회로 삼아야」. ≪민족화해≫, Vol.72.

신범식. 2013. 「북·중·러 접경지대를 둘러싼 초국경소지역 개발협력과 동북아시아 지역정치」. ≪국제정치논총≫, 제53집, 3호.

임을출. 2010. 「동북아 개발협력: 북한의 인식과 법제적 대응」. ≪통일정책연구≫, 제19권 2호.

전형권. 2006. 「동북아 소지역협력과 지역 거버넌스의 등장: 두만강유역개발계획(TRADP)을 중심으로」. ≪국제정치논총≫, 제46집 4호.

3) 기타 자료

≪노컷뉴스≫. "北, 나선특구 전력공급 중국서 러시아로 전환". http://www.nocutnews.co.kr/news/4375600(검색일: 2015.3.2).

≪조선일보≫. "中, 對北 원조재개·관계개선 방침 세운 듯". http://news.chosun.com/site/data/html_dir/2015/03/10/2015031000411.html(검색일: 2015.3.10).

≪러시아 포커스≫. "하바롭스크 방문 리룡남 북 대외경제상 "5년 내로 양국 교역량 10억 달러로 확대"". http://russiafocus.co.kr/news/2015/02/24/5_10_46657.html(검색일: 2015.2.24).

연합뉴스. "북한-중국 연결 '신두만강대교' 올해 말 개통". http://www.yonhapnews.co.kr/bulletin/2015/02/11/0200000000AKR20150211048000097.HTML?input=1195m(검색

일: 2015.2.11).

_____. "러-北 경제협력 강화 ⋯ 北철도 추가 개보수 합의". http://news.naver.com/
main/read.nhn?mode=LSD&mid=sec&sid1=104&oid=422&aid=0000105241 (검색일:
2015.2.28).

중국 신화통신사. http://kr.xinhuanet.com/ (검색일: 2015.2.13).

3. 국외 자료

1) 논문

金祥波·王禹. 2012. 「双赢战略: 中朝图们江区域合作与开发」. 『延边大学学』, 第45卷 第4期.

毛健·刘晓辉·张玉智. 2012. 「图们江区域多边合作开发研究」. 『中国软科学』, 第5期.

吴昊·马琳. 2012. 「图们江区域开发合作20 年: 愿景何以难成现实」. 『吉林大学社会科学学』, 第
52卷 第6期.

王衍达. 2011. 「图们江开发困境中的地区环境原因探析」. 『理论探索』, 总第302.

夏莹·魏景赋. 2012. 「中俄朝经贸合作现状ㆍ问题及展望-基于图们江区域开发的视点」. 『商业经
济』, 第10期.

2) 기타 자료

新浪. "图们江开发合作纳入国家区域旅游一体化战略." http://finance.sina.com.cn/roll/201411
29/001920951943.shtml (검색일: 2014.11.29).

Mark KIM. 2015. "Walk This Way?: Chinese JV Shoe Manufacturing in the Rason Econo-
mic and Trade Zone." 극동문제연구소 국제학술회의(Doing Business in North Korea).

Евгения Варакина. 2015. "Первый груз по ветке «Хас
ан-Раджин» отправится в Республику Корея."
http://primorsky.ru/news/common/77646/ (검색일: 2015.2.22).

제2장
글로벌 안보 거버넌스와 북핵 문제

6자회담과 북한의 대응을 중심으로

이수훈·박병인

1. 서론

1993년 3월 북한의 핵확산금지조약(Nuclear Non-Proliferation Treaty: NPT) 탈퇴 선언 후 제1차 북핵 위기가 시작되고 23년, 2003년 8월 27일 북한의 우라늄농축프로그램(UEP) 논란으로 촉발된 제2차 북핵 위기를 해결하기 위해 탄생한 6자회담(The six-party talks)이 등장한 지 13년, 한반도 핵 위기는 여전히 진행형이다. 북핵 문제가 장기화하고 답보 상태를 거듭하는 동안 북한의 핵 능력은 크게 향상되었다. 북한은 2004년 1월 영변 원자로에서 추출한 플루토늄(plutonium)을 공개하고 2005년 2월 핵 보유를 공개 선언했다. 2006년 10월에는 1차 핵실험, 2009년 5월에는 2차 핵실험을 단행했다. 2010년 11월에는 미국의 평양 방문단에게 의혹만 무성하던 우라늄농축 시설을 공개한 바 있다. 이후 북한은 2013년 3차 핵실험을 실시했고, 2016년 1월 6일 수소폭탄 실험을 실시했다고 발표함으로써 북핵 문제는 새로운 국면에 접어들었다.

북핵 문제는 단순히 한반도에 국한되는 사안이 아니다. 북핵으로 인해 대표적 글로벌 안보 거버넌스이자 핵 비확산 거버넌스인 NPT 체제에 심각한 균열이 초래되었고 핵 확산의 우려는 현실화되었다. NPT가 더 이상 북핵 문제를 해결할 수 있는 거버넌스인가에 대한 회의가 팽배해졌다. 이에 따라 북핵 문제를 해결하기 위한 맞춤형 대안으로 등장한 것이 6자회담이다. 그러나 이 또한 북핵 문제를 해결하기는커녕 13년의 기간을 통해 북한의 핵 능력만 강화되는 상황이 초래되었다.

이제 국제사회는 과연 북핵 문제는 해결 가능한가라는 의문을 제기하고 있다. 지구상 각국은 자국 안보의 확고한 보장을 위해 강력한 군사적 무장을 추구했다. 그러한 노력의 결과는 소수 국가의 핵무장으로 나타났다. 불행히도 한반도 북쪽이 그 일원으로 등장했다. 핵무기는 자위 수단의 완성을 의미했고, 한편으로 국제정치의 힘을 가늠하는 잣대로 평가되고 있다. 북한은 강성대국을 선언했고, 이제는 명실공히 핵보유국으로 인정받기를 원한다.

사실 북한은 이제 국제사회의 핵보유국 추인을 애걸하지 않는다. 2012년 4월 개정 헌법 전문에 "핵보유국"을 명시하면서 실질적인 핵보유국임을 선언했고, 2013년 더욱 개량되고 정교화된 제3차 핵실험을 통해 이를 기정사실화했다. 이러한 북한의 핵보유국 지위의 공고화를 향한 전진에 국제사회의 대응은 지지부진하다. 반면에 북한은 국제 사회의 비핵화 해법을 무력화시키기 위해 6자회담이 공전을 거듭하는 이 순간에도 자신들의 핵 역량을 강화하는 기회로 활용하고 있다. 따라서 우리는 북한 핵 보유의 근원을 찾고 비핵화를 위한 6자회담에 투영된 북한의 대응 전략을 분석함으로써 좀 더 실질적인 대북 핵 억제 전략을 도출해야 한다.

글로벌 안보 거버넌스로서의 6자회담이 북한 비핵화에 실패하면서 그 유효성에 의문을 가지고는 있으나 한반도와 동북아 위기관리 메커니즘으로서는 일정한 역할을 해온 것 또한 사실이다. 따라서 우리가 6자회담보다 더 효율적이고 유용한 대안을 찾을 수 없다면 이를 통해 북핵 문제가 관리 가능한 영역에서 해법을 모색해야 할 것이다.

이 글은 글로벌 안보 거버넌스로서의 6자회담이 어떠한 특성을 띠고 진행되어왔는지, 북핵 문제에 어떻게 접근하는지에 대해서 살펴보고 북한이 북핵과 6자회담에 어떻게 대응해왔는지 분석한다. 대상 시기는 북한이 2013년 1월 외무성 성명을 통해 "6자회담 9.19 공동 성명은 사멸했다"라고 주장한 직후인, 2월 12일 제3차 핵실험을 감행한 시기까지로 한정한다.[1]

2. 글로벌 안보 거버넌스와 북핵 문제

1) 글로벌 안보 거버넌스와 핵 비확산

현재 글로벌 거버넌스는 정당성(legitimacy)과 효과성(effectiveness)이라는 부분에서 심각한 도전에 처해 있다. 작금의 국제사회는 2차 세계대전 이후 급격한 변화가 있었지만 당시의 강대국 체제에서 구축된 글로벌 거버넌스가 현재까지 이어지면서 새로운 변화를 반영하지 못하고 있다. 게다가 효과성의 문제에서도 대표적인 글로벌 안보 거버넌스인 유엔(UN)이 안보 영역

---

[1] 이는 제3차 핵실험을 통해 북한이 실질적인 핵무기 사용 가능 국가로 진입했고, 비핵화라는 6자회담의 목표가 심각하게 훼손되어 '비핵화'와 '비확산'의 갈림길에 선 사건으로 평가되기 때문이다.

에서 무기력한 모습을 보이는 등 현재 지구적으로 발생하는 현안에 정당성을 가지고 효과적으로 대처하지 못하는 현실이다.

이에 따라 안보 영역에서의 새로운 거버넌스의 출현은 시대적 과제가 되었다. 소수의 강대국들이 다양하고 복잡한 국제사회의 현안을 배타적으로 해결하는 데는 한계를 보인다. 특히 인류를 절멸시킬 수 있는 핵 문제는 글로벌 거버넌스가 다루는 핵심 영역인데, 기존의 '핵 비확산 체제(Nuclear Nonproliferation Regime)'에 대한 심각한 도전들에 효과적으로 대응하지 못하고 있다.

"핵 비확산 체제"의 등장은 1950년대와 1960년대를 거쳐 핵무기의 실질적 사용, 그와 관련된 사고로 인한 위험성, 핵무기의 확산 등 핵과 관련된 위험에 대한 우려감이 늘어난 것을 배경으로 한다. 이를 방지하고자 마련된 여러 조약들로 이루어진 핵 비확산 체제의 기반이 바로 1968년에 체결된 핵확산금지조약[2]이다.

국제사회가 공동의 목소리를 내며 불법적인 핵 보유와 확산에 관해 공동의 압력을 가하는 것이 가능하도록 한 핵 비확산 체제는 핵무기 확산의 심화는 모든 국가의 안보에 위해가 된다는 규범을 공유시킴으로써 법적인 규제의 필요성을 높이는 데 기여했다.[3]

그러나 북한 등 일부 국가가 야기하고 있는 핵 확산 위협을 저지하지 못

---

2) 조약의 내용을 요약하면 비핵국가들의 핵무기 보유를 금지하는 것, 또한 이에 반하는 비핵국가들의 핵 보유에 핵무기 국가들의 직·간접적인 도움을 금지하는 것, 비핵 국가들이 핵 비확산 의무를 확실히 하고자 국제원자력기구(IAEA)의 객관적인 검증을 받을 것, 평화적인 핵에너지 이용에 관한 규정, 그리고 NPT 탈퇴에 관한 조항들을 포함하고 있다.

3) 이종선, 「핵비확산체제의 지속가능성: 구조적 한계와 극복방안을 중심으로」, 비교민주주의연구센터, ≪비교민주주의 연구≫, 7권 2호(2009), 99쪽.

하는 현재의 NPT 체제는 그 유효성 논란의 정점에 서 있다. 만약 북한이 핵 보유국의 지위를 위해 국제사회와의 고립을 감내하고 대결적 구도를 견지하면서 핵무기 보유를 기정사실화한다면 NPT 체제는 치명적인 타격을 받을 것으로 보인다.

2) 북한 핵 개발의 배경

국제사회는 핵무기를 비롯한 대량살상무기와 그 운반체인 미사일 성능의 통제를 위한 비확산 체제의 틀을 공고히 유지하고 있다. 그 틀은 일반적으로 알려진바 와는 달리 국가주권의 훼손이 아닌 국가주권의 불가침성에 기반을 둔다. 이러한 국가주권의 불가침성은 현재의 북핵 문제 발생의 근원과 해결의 방식에도 영향을 미친다. 북한은 지금도 자국의 핵 개발이 국가주권 행사의 연장선으로 보며, 이에 대한 국제사회의 압력이 부당함을 주장[4]한다.

북한의 핵 개발 프로그램은 1950년대 중반부터 시작되었다고 할 수 있다. 북한과 중국은 미국의 핵무기 사용 위협에서 공포를 느꼈을 것이고, 자

---

4) 한영서, 「국제기구에서 국가들의 완전자격상실에 대한 리해」, ≪김일성종합대학학보: 력사 법률≫, 제4호(2011), 제4호(2011), 126쪽. "≪그 누구도 남의 자주권을 침해하지 말아야 하며 또 자기의 자주권을 침해당하지 말아야 합니다≫", 『김정일 선집』, 제7권 (평양: 조선노동당출판사, 1996), 180쪽); 리수영, 「국가자주권존중의 원칙에 관한 독창적인 사상」, ≪김일성종합대학학보: 력사 법률≫, 제3호(1998), 61쪽. "위대한 영도자 김정일동지께서 밝혀주신 국가자주권존중의 원칙은 세가지 내용을 담고 있다. 그것은 첫째로 자기의 자주권을 철저히 고수하는 것이고 둘째로 다른 나라의 자주권을 존중하는 것이며 셋째로 자주권을 유리하는 행위를 반대하여 투쟁하는 것이다. 국가자주권존중의 원칙이 이러한 내용으로 이루어지는 것은 국가자주권의 본질과 관련되어 있다."

신들도 독자적인 핵 개발의 필요성을 절감했을 것으로 보인다.[5] 북한의 핵무기 보유에 대한 기원을 따지게 되면 그 종착점은 미국의 중국에 대한 핵위협이 논의된 한국전쟁이겠지만 실제적으로 북한이 핵무기에 관심을 갖기 시작한 것은 1960년대 초라고 볼 수 있겠다. 1961년 쿠바 미사일 위기와 중국과의 핵무기 기술 공유의 좌절, 소련과의 핵무기 개발협력 무산 등이 초래되면서 자체적인 핵무기 개발을 모색하게 되었다.

이후 북한은 독자적인 핵 개발에 착수했는데 1979년 평안북도 영변에 5MWe 원자로가 착공되었다. 1983년부터는 핵무기 기폭 장치를 제조하기 위한 고폭약 실험이 5MWe 원자로 인근 고폭 실험실에서 시작되었다. 1980년대 들어서 북한의 전력난이 심화되는 가운데 북한은 자국의 풍부한 우라늄 원료에 주목하고 원자력 발전소 건설을 통한 에너지와 전력난 극복에 나서게 되었다. 이에 따라 북한은 소련에 원자력 발전소 건설을 요청하고 소련의 승낙하에 1985년 12월 양국 간 '원자력 발전소 건설에 관한 경제기술 협력협정'이 체결되었다.[6] 이와 동시에 협정 체결의 전제 조건으로 핵의 평화적 이용을 위한 NPT 조항에 의거 북한의 NPT 조약 가입이 실현되었다.

상술한 북한의 핵무기 개발 의지가 표출된 시점과 북한의 NPT 가입은 오늘날 북핵 문제에서 중요한 의미를 담고 있다. 우선 1970년대 말 북한 및 사회주의 국가들의 국력은 자본주의 국가들에 비해 그다지 열세에 놓여 있지 않았다는 것이다. 따라서 북한의 핵무기 보유 동기를 미국의 대북한 적대시 정책 및 대북한 안보 위협에서 찾는 것은 당시의 국제 정세에 대한 무지 혹은 무시에서 비롯되었다는 일각의 주장도 있다.[7] 이와 같은 북한 핵

---

5) 안준호, 『핵무기와 국제정치』(서울: 열린 책들, 2011), 237쪽.

6) 이용준, 『게임의 종말』(서울: 한울, 2010), 20쪽.

7) 같은 책, 20쪽. 북한의 핵무장 움직임이 시작된 1970년대 후반의 국제정치 상황은 공산

개발의 기원은 현재 북한의 자발적 핵 폐기라는 전략적 결단 가능 여부에 맥이 닿아 있다는 점에서 논쟁의 중심에 있는 이슈이기도 하다.

한편 북한이 자신들의 핵무기 보유를 국가주권의 연장성에서 보는 것과는 달리, 국제사회는 북한의 핵 개발이 NPT 체제에 가입해 있으면서 국제사회의 규약을 위반했다는 데 방점이 찍힌다. 결과적으로 보면 당시 북한이 소련으로부터의 원자력 기술 도입을 위해 NPT에 가입함으로써 국제사회의 제재를 받는 근거를 남기게 된 것이다. 현재 인도나 파키스탄은 처음부터 NPT에 가입하지 않고 독자적인 핵 개발 프로그램을 통해 핵무기 보유를 추진함으로써 유엔 및 국제사회로부터의 제재를 피해갈 수 있었던 것이다. 만약 북한이 소련과의 협력, 국가 간 핵 협력 규정에 따른 의무 사항으로서 NPT에 가입하지 않고 애초부터 독자적인 방식으로 핵 프로그램을 진행했다면 국제사회의 대북 제재는 지금보다는 훨씬 더 복잡한 양상으로 진행되었을 것이다.

북한은 1985년 NPT에 가입한 후에도 차일피일 국제원자력기구(IAEA)의 안전조치협정(Safeguards Agreement)을 체결하지 않았다. 이에 대한 국제사회의 의심이 지속되는 가운데 1992년에 북한과의 안전조치협정 체결과 동시에 IAEA에 의한 임시 사찰이 진행되었다. 그 결과 북한의 초기 보고서와 임시 사찰 보고서 간에 심각한 차이가 발견됨으로써 북한은 특별 사찰을 요구받기에 이르렀다. 사찰 요구에 대한 북한의 반응은 NPT 탈퇴 위협이었다. 북한은 1993년 3월 NPT 탈퇴를 선언했는데, 이는 아직 국제 레짐(international regimes)으로서 공고하게 뿌리내리지 못한 NPT 체제의 위기

진영과 북한의 위세가 역사상 최고조에 이른 시기였고, 따라서 북한이 안보 위협을 느낄 만한 이유는 전혀 없었다는 것이다.

를 초래했다. 특히 미국은 1995년 NPT 체제의 연장을 위해 노심초사했는데 북한의 도발로 미국 주도하의 NPT 체제의 근간이 흔들리자 북핵 시설에 대한 폭격을 고려하는 등 그 진화를 위해 총력을 다했다. 그 결과 북·미 간에는 북한의 NPT 복귀, 핵 프로그램의 동결과 해체, 폐연료봉의 해외 이전, 상호연락사무소 개설, 약 2000MWe 규모의 경수로 건설, 연 50만 톤의 중유 제공을 담보로 1994년 10월 이른바, '제네바 합의'라는 '북·미 기본합의문'이 체결되었다. 이로써 소위 제1차 북핵 위기는 봉합되었다.

그러나 제네바 합의가 비록 북한의 핵무기 개발과 관련해 '현재'와 '미래' 핵 계획과 핵 시설을 동결하는 틀이 되었지만, 그것은 '과거'의 핵에 대한 투명성을 확보하지 못했다는 약점을 안고 있었다. 반세기에 걸친 적대 관계와 불신을 근간으로 하는 북·미 관계에서 '과거 핵'에 대한 투명성 확보 실패는 양국 간의 신뢰 구축 여하에 따라 다시 점화될 수 있는 가능성을 품고 있었다.[8] 마침내 우려했던 일이 발생했다. 양자 간의 첨예한 게임에 어느 한 팀이 판정에 불복하고 이를 중재하거나 판정에 승복할 수 있는 심판의 부재하에 양측이 게임장에서 뛰쳐나오는 것은 예정된 수순일 것이다. 이에 두 행위자를 통제하고 승복 가능한 틀을 모색하면서 다자 거버넌스를 구축했는데 바야흐로 6자회담의 출현이다.

---

8) 박기덕, 『'북핵위기'에서 미국과 북한의 전략선택』(성남: 세종연구소, 2011), 14~15쪽.

3. 6자회담의 전개 과정과 북한의 대응

1) 6자회담 태동기: 2002.10~2003.8(6자회담 개시)

2002년 10월 미국 국무부 동아태 차관보인 제임스 켈리(James Kelly)는 북한을 방문했다. 당시 북한 당국자는 방문 일행에게 고농축 우라늄(Highly Enriched Uranium: HEU) 핵 개발 프로그램의 존재를 언급하면서 미국을 경악하게 했다. 이는 1차 북핵 위기를 해결하고자 채택했던 '북·미 제네바 기본합의서', 핵확산금지조약, 국제원자력기구의 안전조치협정, 1991년에 이루어졌던 한반도 비핵화 공동 선언에 대한 정면 도전이었다. 따라서 북한과 미국 간에 미봉책으로 유지되어온 제네바 합의는 파기되었고, 양국 간의 합의에 기초해 북핵 문제 해결을 도모하던 양자 관계에 기반을 둔 제네바 체제가 붕괴되었다.

이에 대한 대안으로, 한반도를 둘러싼 긴장이 고조되는 가운데 '6자회담'이라는 다자안보 체제가 북한과 미국이라는 양자 간 대립 구도 속에서 북핵 문제를 평화적으로 해결하고, 한반도에 평화 체제를 구축하자는 차원에서 제안되었다. 한편 2003년 당시 중국은 후진타오(胡錦濤) 주석의 시대가 시작되었고 후 주석이 이끄는 중국은 이전의 '도광양회(韜光養晦)'로 상징되는 소극적 외교에서 탈피해 중국의 위상을 새롭게 정의하고 재평가한 가운데 '화평굴기(和平崛起)'라는 적극적 외교정책을 구사하며 국제사회에서 중국의 존재를 드러냈다. 중국은 북핵 문제가 기본적으로 북·미 간의 문제라는 소극적 인식에서 벗어나 적극적 해법을 모색하기 이르렀다. 그 결과 중국의 적극적 중재를 통해 북·미 양자 간 협상으로 대표되던 북핵 문제의 해결은 한반도 주변국에 포진한 이해당사자들이 참여하는 다자 체제의 모습을 띠며 등장했다. 이처럼 6자회담은 국제사회 세력 균형의 변화가 적극적으로 투영된 산물이라고 할 수 있겠다.

6자회담 체제의 등장에 대한 북한의 초기 반응은 복합적이다. 북한은 외무성 대변인의 발표를 통해 한반도 핵 문제 발생과 정세 악화의 책임은 미국의 대북 적대시 정책의 산물이기에 문제 해결을 위해서는 북한의 자주권과 생존권에 대한 위협의 제거, 즉 미국의 불가침조약과 정상적인 형태의 국교 수립을 통해 북한의 체제가 보장될 때 가능하다고 분명히 밝혔다. 그러면서도 북한은 "미국이 대조선 정책을 전환할 용의가 있다면 대화형식에 구애되지 않는다"[9]라며 다소 유연한 태도를 보였다.

그러나 2003년 4월 23~25일간 베이징 3자회담이 개최되고 한 달 후 2003년 5월 조지 부시(George Walker Bush) 대통령이 대북 압박을 포함하는 확산방지구상(Proliferation Security Initiative: PSI)을 밝히자 북한은 논평을 통해 "미국이 대조선적대시정책을 포기하지 않고 우리 공화국에 대한 핵 위협을 계속한다면 우리로서도 핵억제력을 갖추는 수밖에 다른 도리가 없다"[10]는 반응을 보였다. 이어 "미국의 다자회담 주장은 핵 문제를 평화적으로 풀기 위한 것이 아니라 우리에 대한 고립 압살행위를 가리우는 위장물"[11]이라고 비난했다.

이와 같이 미국과 북한이 6자회담이 시작되기도 전부터 6자회담의 본질에 대해 서로 이견을 가지고 지속적인 대립 양상을 보임으로 인해 6자회담 성립이 불분명해지는 듯했다. 그러나 중국의 적극적인 중재와 관련국들의 이해가 결부되어 북핵 문제 해결을 위해 6개국이 참가하는 새로운 동북아

---

9) 북한 외무성, 2003년 4월 12일 자.
10) 조선중앙통신, 2003년 6월 9일 자. "우리의 핵억제력은 결코 위협수단이 아니다."
11) 북한 외무성, 2003년 9월 18일 자. "그 어떤 다자회담에도 기대를 가질 수 없게 되었다."

안보 거버넌스로서의 6자회담이 베이징에서 2003년 8월 말 개최되기에 이르렀다. 이렇듯 북핵 해결을 위한 6자 회담이 첫발은 뗐으나 북한의 다자회담에 대한 복합적인 인식은 6자회담의 험로를 예고한다.

2) 6자회담 협상기: 2003.8~2008.12(제6차 회담 3차 수석대표 회의)

(1) 다자 대화 주도하, 북·미 대화 탐색기: 1~3차회담(2003.8~2004.6)

2003년 8월 제1차 6자회담이 베이징에서 개시되었고, 이 회담에서 북한은 자신들은 비핵화 원칙을 견지하고 있으며 미국의 대조선 적대시 정책이 변하지 않는 한 자위적 차원에서 핵 억지력을 보유하겠다는 주장[12]을 반복했다. 이는 6자회담에 참가는 하지만 체제 유지를 공고히 하겠다는 의도를 보인 것이다. 이와 같은 분위기 속에서 1차 회담은 미국의 선(先)핵 포기 후(後)지원·보상 원칙과 북한의 동시행동 원칙이 상호 충돌하는 가운데 서로의 의중을 탐색하는 수준에서 종결되었다.

2004년 2월 25일부터 28일까지 열린 제2차 회담에서 참가국들은 상호 존중하면서 대화와 평등에 기초한 협의를 통해 핵 문제를 평화적으로 해결하자는 데 뜻을 모아, 6자회담 참가국 간 최초의 '합의 문건'이라고 할 수 있는 7개항의 '의장 성명(Chairman's statement)'[13]을 발표했다. 제2차 6자회담에서 북한이 주요 쟁점으로 제시한 것은 미국이 대북 적대 정책을 포기하는 것이었다. 1차 회담 때와 마찬가지로 미국이 대북 적대시 정책을 포기하지 않는 한 미국과의 그 어떤 약속·합의도 의미가 없다는 입장을 고수한 것이

---

12) 조선중앙통신, 2003년 8월 29일 자.

13) 참가국들이 한반도 비핵화와 평화공존 의지를 밝히고, 협의를 통한 핵 문제의 평화적 해결, 핵 문제 관련 상호 조율된 조치를 취한다는 데 합의한다는 내용이다.

다. 이렇듯 입장을 고수하면서도 미국의 대북 불가침 의사와 대북 안전보장 조치를 공식문건화할 수 있는지 타진하면서 북한 핵무기 프로그램의 CVID[14] 방식의 해결책을 수용하는 듯했으나 구체적 영역에서의 이견은 계속되었다. 그러나 한편으로 북한의 태도는 사태 진전에 따라 '핵무기 폐기'를 수용할 수도 있음을 밝힌 것으로 해석될 수 있어 북한으로서는 전향적 조치를 취한 것으로 평가될 수도 있겠다.

2004년 5월 12~14일 1차 실무그룹회의, 2004년 6월 21~22일 2차 실무그룹회의가 이루어진 뒤, 제3차 회담이 2004년 6월 23~25일 베이징에서 열렸다. 미국이 제시한 해결 방안[15]에 북한도 전향적 입장을 보였다. 그러나 근본적인 상호 불신은 더 이상의 진전을 어렵게 했다. 게다가 이후 리비아식 해법을 모색하는 미국 정부 내 강경파의 전면 포진과 북한 인권법 통과, 그리고 11월 부시 2기 정부의 출범에 따라 북핵을 포함한 대외 정책의 추이가 유동적인 상황에서 북한은 관망하는 입장에 서게 되었다.

사태를 예의주시하던 북한은 부시 정부의 제2기 대외 정책을 이끌어갈 콘돌리자 라이스(Condoleezza Rice) 라이스 미 국무장관 지명자가 상원 외교위원회 인준 청문회에서 '폭정의 전초기지(outposts of tyranny)'로 북한을 언급하면서 양측은 또 한 번 충돌했다. 이후 북한은 "6자회담 참가를 무기한 중단할 것과 이미 핵무기를 만들었다"[16]라고 대외 공포하면서 위기를 가중

---

14) CVID(Complete, Verifiable and Irriversible Dismantlemen): 완전하고, 검증 가능하며, 돌이킬 수 없는 방식의 핵 폐기를 의미한다. 즉, 북한이 핵 개발 프로그램을 복구 불가능한 상태로 만들어야 한다는 것이다.

15) 미국은 이 회담에서 북한의 HEU 핵 프로그램을 포함한 핵 폐기 선언이 이루어질 시에 ① 한·중·일·러의 대북 중유 제공의 허용, ② 불가침 보장을 포함한 다자안보 보장, ③ 비(非)핵에너지 제공, ④ 테러지원국 해제 논의 등을 제시했다.

16) 북한 외무성, 2005년 2월 10일 자.

시켰다.

이행 초기 북·미 양국은 철저한 불신 속에서 상대방의 진정성이 어디에 있느냐를 놓고 치열한 탐색을 했다. 미국은 기존 양자 간에 합의된 제네바 합의가 파기되는 트라우마(trauma)를 겪으며 다자 체제라는 새로운 시도 속에서 북한이 과연 협상에 핵 포기도 포함하는 진정성을 담고 있는지에 촉각을 곤두세웠다. 북한은 북한대로 이라크 전쟁을 목도하며 힘없는 체제 보장은 허망하다는 인식을 공고히 하는 가운데, 확실한 동시행동이 동반되지 않는 협상에 희망을 두지 않았다.

(2) 합의기: 4~5차 2단계 회담(2005.8~2006.12)

제3차 회담 종료 후 13개월간이나 공전하던 회담은 우여곡절 끝에 제4차 회담이 2005년 7월 26일부터 8월 7일까지 베이징에서 개최되었다. 긴 휴회 기간 이후의 회담임에도 양국의 견해차는 여전했고, 특히 북한이 주장하는 '평화적 핵 이용 권리'와 미국의 경수로 제공에 대한 입장이 대치하며 회담이 파국의 상황까지 치달았다. 그러나 교섭을 통해 제2단계 회담을 개최해 6자회담 내 가장 큰 성과이자 향후 전체 회담의 방향타가 될 역사적인 9.19 공동 선언이 채택되었다.

6자회담의 최대 성과로 2005년 4차 6자회담에서 채택한 9.19 공동 성명을 꼽는 데에 이견이 없을 것이다. 이는 2003년 8월 제1차 6자회담을 시작한 지 25개월 만의 성과이다. 9.19 공동 성명의 핵심 내용은 첫째, 북한의 핵무기와 모든 핵 프로그램 포기, 둘째, 미국의 대북 불침공 약속과 북·미 관계 정상화, 셋째, 직접 관련국들이 구성한 별도 포럼에서 한반도의 영구 평화 체제 협상 등 세 가지로 요약할 수 있다.[17] 그러나 9·19 공동 성명은 북한의 NPT 복귀 시점, 핵 사찰 방법, 북한의 안전보장 방식, 북·미·북·일

관계 정상화의 속도와 조건, 에너지 지원 형식 등에 관해 구체적인 언급을 하지 않고 있어 공동 성명이 발표된 직후부터 북한과 미국은 합의문 해석에 차이를 보였고,[18] 이는 이후 합의문 불복의 불씨가 된다. 그럼에도 9.19 공동 성명은 동북아 핵심 6개국이 정부 차원에서 안보 관련 현안에 직접 서명한 기념비적 사건임에는 틀림이 없다.

이행 중기는 희비가 교차된 시기로 볼 수 있겠다. 2005년 6자회담의 이정표를 세운 9.19 공동 성명이 채택됨으로써 비핵화에 서광을 비춘 반면 곧이어 미국이 북한의 돈세탁 창구로 방코델타아시아(Banco Delta Asia: BDA)를 지목해 금융 제재를 가한 사건과 더불어 북한의 '선(先)경수로 제공' 주장 등으로 인해 회담이 재개되지 못하고 교착 상태에 빠졌다. 북한은 이러한 6자회담의 정중동 국면에서 2006년 10월 제1차 핵실험으로 대응했다. 이에 따라 10월 14일 유엔 안보리 대북 제재 결의 1718호가 채택되면서 대북한 압박은 강도를 더해갔다. 이러한 대치 국면에서 북·미·중 3자는 10월 31일 베이징에서 6자회담 재개에 합의하면서 6자회담의 돌파구를 마련했다. 제5차 6자회담은 2005년 11월부터 2007년 2월까지 3단계에 걸쳐 개최되었다.

여기에서 우리가 주목하는 것은 북한의 핵 개발은 회담의 정체기에 발전되고 강화되는 모습을 보였다는 것이다. 6자회담이 BDA 문제로 발목이 잡혀 있는 15개월 동안 북한은 함경북도 무수단리에서 대포동 2호 미사일 시험 발사(2006.7.5), 함경북도 길주군 풍계리에서 제1차 핵실험(2006.10.9)을 강행했다. 이렇듯 6자회담 정체기에 북한은 핵 능력 강화로 대응했다.

---

17) 전봉근, 「북 핵협상20년의 평가와 교훈」, 『한국과 국제정치』(서울: 외교안보연구원, 2011), 196~197쪽.
18) 김국신·여인곤, 「제6차 6자회담 수석대표결과회의 결과 분석: 9.19 공동성명의 이행 과정을 중심으로」, 『통일정세 분석』(서울: 통일연구원, 2007), 2~3쪽.

(3) 북·미 대화 주도기: 5~6차회담(2007.1~2008.12)

이 시기 5차 3단계 회담(2007.2.8)에서 북한의 핵 시설 폐쇄와 불능화, 북한의 핵 프로그램 신고와 이에 상응하는 5개국의 에너지 100만 톤 지원, 북한의 테러지원국 지정 해제 과정의 개시 등을 포함한 이른바 '2·13 합의'가 채택되었다. 한 달 뒤에는 제6차 1단계 회담이 '2·13 합의'의 이행 조치를 구체화하기 위한 방안 등을 논의하기 위해 2007년 3월 베이징에서 열렸다.

같은 해인 2007년 9월에 열린 제6차 2단계 회담에서는 2007년 12월 31일까지 북한이 핵 시설을 불능화하고 핵 프로그램을 신고하는 대신 미국 측은 북한에 대한 테러지원국 명단 삭제와 적성국 무역법에 따른 제재 해제, 5개국의 중유 100만 톤에 해당하는 경제적 보상 완료 등에 합의하기로 한 이른바 '10·3 합의'가 채택되었다. 이후 한 차례 더 회담이 열렸지만 영변 핵 시설의 불능화와 중유 100만 톤 상당의 경제·에너지 제공의 병렬적 이행 등의 원론적인 합의에 불과한 결과만이 도출되었다. 따라서 조속한 시일 내에 차기 6자회담을 개최한다는 데 합의했다고만 밝힘으로써 사실상 6자회담 재개 노력은 실패했다고 볼 수 있다.[19]

이 시기의 특징은 북·미가 양자 간 활발한 접촉과 대화를 통해 문제를 해결하고자 했다는 것이다. 당시 북한은 다자 협의를 통한 최대 성과인 9.19 공동 성명이 미국의 BDA 문제 제기로 허망하게 사장되는 것을 보면서 역시 핵심 문제는 미국과의 담판을 통해 해결하는 것이 긴요하다는 인식을 했을 것이다. 이러한 문제의 해법에 대한 인식은 북·미 간 직접 협상으로 나타났다. 양측은 2007년 1월 독일 베를린 회담을 통해 BDA 문제의 타결과 영변의 핵 시설에 대한 해법을 모색했고, 2008년 4월에는 싱가포르에서 대

---

19) http://world.kbs.co.kr/korean/event/nkorea_nuclear/world_01m.htm

북 테러지원국 해제 등 중요 사한에 대한 합의를 도출했다. 이렇듯 북한은 북·미 양자회담을 통해 현안에 대응해나갔다.

3) 6자회담 공전기: 2008.12~2013.2(3차 핵실험)

2008년 2월 한국에서 새로운 정권이 창출되고, 남북 밀월 10년을 재평가하는 가운데 한반도에 파열음이 몰려왔다. 2008년 3월 개성 남북경협사무소의 남측 당국자 추방, 7월 금강산 관광객 박왕자 씨 피격 사망 사건, 2009년 3~8월 개성공단의 남측 근로자 억류 사건, 2009년 5월 25일 북한의 2차 핵실험 등은 남북 관계를 파국으로 몰고갔고, 2010년 3월 천안함 사건과 11월 연평도 포격 사건으로 남북 관계는 전면적 단절로 이어졌다.

설상가상 2011년 12월에는 김정일 위원장의 급사로 한반도 및 동북아 정세 그리고 북핵의 진로에 불확실성이 더해지면서 시계 제로의 상황이 전개되었다. 북한의 신(新)정부는 김정은 체제로 가닥이 잡히면서 내부 체제의 정비에 박차를 가했다. 따라서 6자회담을 비롯한 대외 문제는 정중동의 모습을 보여주었다. 이후 내부 문제에 역량을 집중하는 듯했던 북한은 돌연 2013년 2월 12일 3차 핵실험을 감행하면서 그간 6자회담을 통해 북핵 문제를 풀어가려던 국제사회의 외교적 노력은 무색해지고 6자회담은 무력화되었다.

6자회담이 공전하는 사이 북한은 핵 능력을 강화해나갔다. 2009년 4월 5일 핵탄두 운반 수단인 장거리 로켓 시험 발사를 강행하고 5월 25일에는 함경북도 길주군에서 제2차 핵실험을 실시했다. 핵실험 강행 후 북한은 "6자회담은 영원히 종말을 고했다"라고 함으로써 향후 회담 재개에 집착하지 않는 반응을 보였다. 이와 같은 북한의 도발과 반응에 국제사회는 6월 12일 유엔 안보리 대북 제재 결의 1874호 채택을 통해 압박했다. 이후 북한의 대응은 2010년 3월과 11월 천안함 사건과 연평도 포격 사건으로 나타났다.

2011년 12월 김정일 사망 이후 권력을 계승한 김정은 정권의 6자회담에 대한 인식은 김정일 시대와 별반 다를 바 없어 보였다. 북한은 2012년 4월 13일 장거리 로켓(미사일) 은하 3호 발사, 12월 12일 장거리 로켓(미사일) 은하 3호 2호기를 발사했고, 유엔은 2013년 1월 22일 유엔 안보리 대북 제재 결의 2087호를 채택했다. 북한은 국제사회의 압박에 반응한 외무성 성명을 통해 "6자회담 역시 미국이 대조선 압살 야망 실현을 위한 공간으로 이용해 왔다는 것은 세상이 다 아는 사실"이라고 하면서 6자회담에 미련이 없음을 공언했다. 결국 북한은 중국 및 국제사회의 우려와 경고에도 아랑곳하지 않고 2월 12일 제3차 핵실험을 강행함으로써 핵보유국 지위에 성큼 다가섰고, 6자회담은 존폐의 기로에 처하게 되었다.

4. 6자회담과 북한 대응에 대한 평가

북한은 지난 1차, 2차, 3차 핵실험을 통해 핵보유국으로서의 지위를 획득하기 위한 중요한 토대를 구축했다. 이는 향후 국제 무대에서의 발언권이나 특히 6자회담에서 자신들의 위상을 한껏 높일 수 있는 수단이 확보된 것이다. 북한은 6자회담을 진행하면서 수시로 6자회담의 종언을 이야기하다가도 대화의 끈은 놓지 않는 전술을 구사해왔다. 그러다가 국제사회의 압력이 강해지면 6자회담 재개를 위한 화해 분위기에 나섰다. 북한은 "우리는 우리 공화국의 자주권과 평화적 발전권을 난폭하게 유린하는 데 이용된 6자회담 구도를 반대한 것이지 조선반도 비핵화와 세계의 비핵화 그 자체를 부정한

적은 없다"[20]고 언급하면서 6자회담 속도의 완급을 조절해왔다.

6자회담 재개에 관한 입장 측면에서는 북한은 기본적으로 북·미 양자회담을 우선시하며, 6자회담을 북·미 양자회담에 접근하기 위한 수단으로 보거나, 북·미 관계의 지렛대로 이용해온 반면 미국의 경우 6자회담을 북한이협상을 이행하도록 압박할 수 있는 수단으로 간주했다는 것을 알 수 있다.그러나 이렇듯 분명한 입장 차에도 6자회담의 필요성에 대해서는 상호 인정하고 있다. 6차 6자회담이 종료된 직후 미국의 오바마 정부는 6자회담을 중심으로 북·미 관계를 진행시키고자 하는 의지를 표명했으며, 북한 김정일도 6자회담 당사국들과 평화적으로 지내고 6자회담이 진척되기를 희망한다고 긍정적인 입장[21]을 보인 것에서 이 같은 모습을 찾아 볼 수 있다.

한편, 비핵화와 북·미 관계 정상화는 선후 문제로 북·미 관계에서 핵심쟁점이 되어왔다. 북한은 한반도 비핵화 실현보다 북·미 관계 정상화가 선행되어야 함을 주장한다. 2009년 1월 13일 북한 외무성 대변인은 "우리가9.19 공동 성명에 동의한 것은 비핵화를 통한 관계 개선이 아니라 바로 관계 정상화를 통한 비핵화라는 원칙적 입장에서 출발한 것"이라며 "미국의대조선 적대시 정책과 핵 위협의 근원적인 청산이 없이는 100년이 가도 우리가 핵무기를 먼저 내놓는 일은 없을 것"이라고 말했다. 외무성 대변인은또 "미국의 적대시정책과 그로 인한 핵 위협 때문에 조선반도 핵 문제가 산생되었지 핵 문제 때문에 적대 관계가 생겨난 것이 아니다"라면서 "우리가핵무기를 먼저 내놓아야 관계가 개선될 수 있다는 것은 거꾸로 된 논리이고9.19 공동 성명의 정신에 대한 왜곡"이라고 강조했다. 또 "미국의 핵위협이

---

20) 2009년 9월 4일 유엔 주재 북한 상임대표 명의로 유엔안전보장이사회에 보낸 편지중 일부이다.
21) 박종철 외, 『6자회담과 남북관계: 전망과 대책』(서울: 통일 연구원, 2011), 32쪽.

제거되고 남조선에 대한 미국의 핵우산이 없어질 때에 가서는 우리도 핵무기가 필요없게 될 것"이라며 "이것이 바로 조선반도 비핵화이고 우리의 변함없는 입장"이라고 밝혔다.[22] 이러한 입장 피력은 2009년 1월 20일 출범하는 오바마 신정부에 던지는 견제구였다고 할 수 있겠다.

한편 북한은 위기 조성 전략을 대외적으로는 약소국이 갖는 유효한 강압 수단으로, 대내적으로는 유용한 위기 돌파 수단으로 활용하고 있다.[23] 북한이 구사하는 위기 조성 외교는 위기 확대를 통한 주변국의 대북 정책을 변화시켜 궁극적으로 유리한 입장에서 자국의 이익을 확대하고자 하는 전략이다. 이에 따라 미국과 중국이 협력해 북한에 대한 압박을 강화한다면, 북한은 미·중 협력을 와해시키고 미국의 개입을 유인하기 위한 장거리 미사일 발사나 핵실험과 같은 비확산 문제를 통해 위기 조성에 집중하는 '위기 조성 외교'를 추구하고 있다. 이를 통해 한반도의 위기가 확대되어 미·중 간의 협력이 약화되기를 바라며 중국의 적극적 개입을 유인해 협상 국면에서 유리한 지위를 차지하려는 전략을 추구하는 것이다.[24]

---

22) http://www.vop.co.kr/A00000238286.html(검색일: 2013.8.23). 2007년 12월 10일 콘돌리자 라이스 미 국무장관은 워싱턴 여성외교정책그룹(WFPG) 초청 연설에서 북핵 문제와 북·미 관계에 관한 견해를 피력했다. 라이스는 "현재 북핵 협상이 비교적 잘 진행되고 있다"면서 "우리는 여전히 갈 길이 남아 있지만, 많은 작업이 비교적 잘 진행되고 있다"고 언급했다. 이어서 "만일 북한이 검증 가능한 비핵화의 준비만 되어 있다면, 북한은 마침내 고립에서 벗어날 수 있는 나라"라고 하면서, 비핵화가 북·미 관계 정상화의 선결 조건임을 적시한 바 있다.

23) 신종대, 『한반도 정세-2010년 평가와 2011년 전망』(서울: 경남대 극동문제연구소, 2011), 126쪽. 북한은 1990년대에 핵 위기를 조성함으로써 미국과의 직접 협상이라는 성과를 이끌어냈다. 북한은 끊임없이 북한에 대한 주의를 집중시키기 위해 지역 안보 불안정을 야기하는데, 이것이 바로 위기 조성 전략이다.

24) 이상숙, 「제3차 북핵실험과 북한의 위기조성외교」, 국립외교원 외교안보연구소, 『주요 국제문제분석』(2013.5) 참조.

북한은 핵 협상 과정에서 위기 조성 전략을 통해 미국을 협상 테이블로 이끌어내고 타협과 양보를 요구했다. 북한의 위기 조성 전략은 북핵 협상이 북한으로 인해 악화되었다는 점에서 비판의 빌미를 제공하고 상황을 악화시키는 데 기여했지만, 북한의 위기 조성 행위는 대부분 미국이 북한의 '주권'을 침해한다고 간주되거나, 미국이 합의 사항을 제대로 이행하지 않는다고 간주될 때, 그리고 북한의 요구에 의해 미국의 협상 의지가 없다고 판단될 때 발생했음을 알 수 있다. 따라서 북·미 간의 상호작용을 분석하는 가운데 북한이 위기 조성 전략을 택하게 되는 상황적 구조와 배경을 함께 들여다보아야 북한의 대응 전략과 북핵 위기의 진실을 파악할 수 있을 것[25]이다.

5. 결론

6자회담은 유엔으로 대표되는 글로벌 안보 거버넌스가 취약점을 보이고, 세계의 핵 비확산을 제어하는 NPT 체제도 핵 보유 야망 국가들의 잇따른 도발로 한계를 보이는 과정에서 탄생했다. 6자회담은 북핵 문제를 해결하

---

25) 김근식, 「북한의 핵협상: 주장, 행동, 패턴」, ≪한국과 국제정치≫, 제27권 제1호(2011년 봄호), 151~153쪽. 이른바 벼랑 끝 전술로 상대방이 인내할 수 없는 상황을 조성한 뒤, 위기를 완화시키고 해소하려면 자신의 요구에 응해야 한다는 식이었다. 체제 결속과 정치적 정당화 및 후계 체제 구축 등 국내 정치적 동기를 강조하는 입장과 대미 협상에서 미국을 압박하기 위한 외교 중시론도 있지만 핵심적 요인은 미국을 협상 테이블로 끌어내고 양보를 획득하기 위한 외교적 차원의 대미 압박으로 설명된다. 이런 북한의 위기 조성 전략은 북핵 협상이 북한으로 인해 악화되었다는 점에서 비판의 빌미를 제공하고 상황을 악화시키는 데 기여했다.

기 위해 유관국들이 머리를 맞대고 외교적 해법을 모색해왔지만 번번이 북한의 불복과 도발에 좌절했다. 바야흐로 6자회담이 태동하고 약 10여 년의 시간이 경과했다. 물론 6자회담은 공전 중이지만 아직 전체적으로 이행기의 과정에 있다고 볼 수 있다. 따라서 난산의 과정을 통해 탄생하고 유지되어온 6자회담이 추구하는 한반도 비핵화도 진행형이다.

지금까지 보여준 북한의 행태를 보면 핵에 관해서 크게 세 가지의 입장을 보여왔다. 북한은 강경하게 핵보유국 위치를 확보하려는 입장을 견지하기도 했고, 때로는 핵은 평화적 활동을 위해 개발하는 것이라는 입장도 보여왔다. 동시에 북한은 한반도의 비핵화는 김일성의 유지인 까닭에 자신들의 최종 목적은 핵이 없는 한반도를 만드는 것이라는 입장[26]을 피력했다.

그러나 북한이 3차 핵실험을 실시하고 북한 지도부와 저변에 팽배한 핵무기에 대한 자긍심 분위기를 감안하면 과연 북한이 핵무기를 포기할 수 있을지에 대한 깊은 회의가 드는 것도 사실이다. 북한이 반세기 넘게 추구한 지난했던 핵 개발 역사를 보더라도 과연 도대체 어떠한 반대급부가 이를 상쇄할 수 있을 것인가라는 의문이 든다. 게다가 미국과 국제사회의 회유로 핵을 포기한 리비아 무아마르 카다피(Muammar Gaddafi)의 최후는 북한에 반면교사의 역할을 했을 것으로 충분히 예견된다.

현재 북한이 핵 포기라는 전략적 결단을 실행할 여건은 미성숙되어 있다고 볼 수 있겠다. 혹자는 북한을 지탱하는 중국의 대북한 인식이 변하고 있고, 북한은 더 이상 중국의 전략적 자산이 아닌 부담이며, 양국은 특수 관계가 아닌 보통의 국가 관계로 치환되고 있다고 이야기한다. 그러나 아직까지

---

26) 홍우택, 『북한 핵문제의 전망과 대응책: 정책 결정모델(Decision Making Model)을 이용한 전략 분석』(서울: 통일연구원, 2012), 60쪽.

북·중 관계를 재해석할 수 있는 결정적 근거는 나타나지 않았다. 비록 중국 현 지도부와 북한 신주류의 인적 유대가 과거와 비교해서 상대적으로 공고하지 않을지라도 양국을 가로지르는 이념의 공통성, 역사성, 한반도의 전략적 위치 등을 압도할 수 있는 어떠한 상위 가치가 발견된 바는 없다. 따라서 북·중 관계의 미세한 변화를 섣불리 아전인수식으로 예단하여 대북 정책과 북핵 문제에 적용하는 것을 금물이다.

한편 북한의 핵 협상 전술과 행태가 일정한 주기나 패턴을 보여주기보다는 타자와의 상호작용 속에서 이루어져 왔다고 볼 수 있다. 북한의 대응은 상대방의 전략을 검토하며 그들 나름대로 최대의 이익을 창출하기 위한 전략적 고려의 산물이다. 따라서 북한의 행태가 예측 불가한 집단의 돌출행동이 아닌 합리적 고려에서 나왔다면 정확한 분석을 통해 북한이 대응하는 예상 경로를 유추할 수 있을 것이다. 우리는 주관적 희망을 배제한 가운데 객관적인 분석을 통해 북한의 전략과 전술에 대응해나가야 할 것이다.

참고문헌

1. 북한 자료

1) 논문

리수영. 1998. 「국가자주권존중의 원칙에 관한 독창적인 사상」. ≪김일성종합대학학보: 력사 법률≫, 제3호.

한영서. 2011. 「국제기구에서 국가들의 완전자격상실에 대한 리해」. ≪김일성종합대학학보: 력사 법률≫. 제4호.

2) 기타 자료

조선중앙통신.

북한 외무성.

2. 국내 자료

1) 단행본

박기덕. 2011. 『'북핵위기'에서 미국과 북한의 전략선택』(성남: 세종연구소).

박종철 외. 2011. 『6자회담과 남북관계: 전망과 대책』(서울: 통일 연구원).

신종대. 2011. 『한반도 정세-2010년 평가와 2011년 전망』(서울: 경남대 극동문제연구소).

안준호. 2011. 『핵무기와 국제정치』(서울: 열린 책들).

이용준. 2010. 『게임의 종말』(서울: 한울).

홍우택. 2012. 『북한 핵문제의 전망과 대응책: 정책 결정모델(Decision Making Model)을 이용한 전략 분석』(서울: 통일연구원).

2) 논문

김국신·여인곤. 2007. 「제6차 6자화담 수석대표결과회의 결과 분석: 9.19 공동성명의 이행과정을 중심으로」. 『통일정세 분석』(서울: 통일연구원).

김근식. 2011. 「북한의 핵협상: 주장, 행동, 패턴」. ≪한국과 국제정치≫, 제27권 제1호(봄호).

이상숙. 2013. 「제3차 북핵실험과 북한의 위기조성외교」. 『주요 국제문제분석』. 국립외교원 외교안보연구소.

이종선. 2009. 「핵비확산체제의 지속가능성: 구조적 한계와 극복방안을 중심으로」. ≪비교
　　민주주의 연구≫, 7권 2호.

전봉근. 2011. 「북 핵협상20년의 평가와 교훈」. 『한국과 국제정치』(서울: 외교안보연구원).

제3장

김정은 정권의 월경 경제협력과
경제개혁 정책의 제한성

세습 후계 정권의 지대 수취-재분배 기제와 국가 외화벌이의 정치경제적 분석

최 봉 대

1. 머리말

일반적으로 월경(越境) 경제협력(이하 월경 경협으로 약칭)은 접경국들 사이
의 상호 연계된 경제활동을 의미한다.[1] 많은 경우 글로벌 경제적 관여 방식
의 월경 경협은 관여 대상국의 시장 지향적 경제체제 변환과 지역의 경제통
합을 촉진시키는 효과를 산출한다고 지적된다. 체제 전환국들, 특히 중·동
부 유럽 관련 연구에서는 관련국들의 '유기적인' 경제적 통합에 기초한 월경
경협의 체제전환 촉진 효과가 강조된다.[2] 그런데 대북 글로벌 경제적 관여

---

1) 월경 경협은 유관국들 간의 공식·비공식 국경무역, 경제특구 설치나 이주 노동력의 활
용, 또는 특정 산업 부문이나 산업 인프라에 대한 자본 투자 등을 포함한다.

2) 사실 비체제 전환국에 대한 월경 경협이 해당국의 체제전환에 미칠 수 있는 효과와 관
련해서 두 가지 다른 평가가 제시되고 있다. 하나는 해당국의 시장경제개혁과 민주적
정치개혁을 촉진시킬 수 있다는 신자유주의적 입장이고, 다른 하나는 그와 반대로 해당

의 경우에는 북한이 체제 생존 수단으로 핵무기 개발을 최우선적 국가 전략으로 추진해온 데 따른 유엔 등 국제사회의 대북 경제·금융 제재, 그리고 G2로서 미국과 중국의 아시아 영향권 확대 갈등에 따른 신북방 삼각동맹의 형성 가능성이라는 두 가지 요인에 의해 규정된다. 따라서 북한의 입장에서 글로벌 관여 차원의 대외 경제협력은 사실상 중국 그리고 주변의 러시아와의 월경 경협에 대체로 한정된다. 이는 북한이 외국 자본의 투자 유치나 수출입 상대국의 다변화 등과 같은 다른 출로를 찾기 어렵기 때문이다.[3]

중국과 러시아의 입장에서도 자국의 국가자본이나 사적 자본의 경제적 이익 실현과 더불어 북한의 지정학적 중요성에 따른 정치군사적 이해관계 보장을 위한 수단으로 대북 월경 경협을 위치지우고 있다. 더구나 중국이나 러시아 같은 권위주의 정권이 자국의 정치적 안정을 위해 인접국들의 정치적 민주화 억제를 위해 협력하는 경향이 있다는 논의들을 고려하면,[4] 글로벌 경제적 관여에서 일반적으로 예상할 수 있는 체제전환 촉진 효과 같은 것이 중국·러시아와 북한 간의 월경 경협에서 단선적으로 가시화될 것이라

국의 체제전환을 억제하거나 지연시킬 수 있다는 '지대 수취 국가'론의 입장이다. 이 두 입장 모두 해당 국가를 시장경제 확대의 도구적 장치로 간주하거나 또는 국가의 대내외적 자율성을 과도하게 상정하고 정태적 접근을 한다는 점에서 문제가 있다. 이 점에 관해서는 최봉대, 「미얀마 군부정권의 월경 경제협력과 체제전환의 동학」, 『사회주의 정치·경제 체제전환과 글로벌 거버넌스』(파주: 한울, 2014), 67~69쪽 참조.

3) 이 글은 글로벌 경제적 관여와 연계된 북한의 월경 경협이 북한 체제전환에 미칠 수 있는 정치경제적 효과를 파악하는 데 주안점을 두기 때문에 개성공단이나 금강산 관광특구와 같은 남북경협사업은 논의 대상으로 고려하지 않는다.

4) 예컨대 Julia Bader et al., 2010, "Would autocracies promote autocracy? A political economy perspective on regime-type export in regional neighbourhoods," *Contemporary Politics,* Vol.16, Iss.1이나 Christian von Soest, "Democracy prevention: The international collaboration of authoritarian regimes," *European Journal of Political Research* (2015), doi: 10.1111/1475-6765.12100 참조.

기대하기는 어렵다. 특히 북한의 월경 경협에서 거의 절대적 비중을 차지하는 중국은 이제까지 일차적으로 북한 체제의 정치적 안정을 보장하는 수단으로 월경 경협에 접근해왔다. 따라서 북·중 월경 경협(이하 북·중 경협으로 약칭)에서 중국 측의 사업 주체는 사기업이지만 북한 측 상대방이 국가기관의 무역회사이거나 국가기업이라는 점에서 중국의 대북 경제적 관여 효과에 대한 소극적 평가가 나올 수 있다.[5] 이와 달리 북·중 경협이 상대적으로 활발한 접경 지역에서 나타나는 북한 지방정부나 기업들의 시장경제 수용 태도를 염두에 두고 지방 차원의 시장경제 저변 확대 효과를 적극적으로 평가하는 입장도 제출될 수 있다.[6]

그렇지만 북·중 경협이 북한의 정치경제적 변동 가능성에 미치는 영향을 온전하게 파악하기 위해서는 북한 정권의 입장에서 체제 존속을 위한 북·중 경협의 전개가 경제개혁이나 체제전환과 관련해서 어떤 효과를 산출할 가능성이 있는지에 대한 검토 위에서 이런 평가들을 보정할 필요가 있다.[7] 왜냐하면 대체로 (잠재적인) 체제 전환국에 대한 외부 세계의 경제적 관여나 제재는 해당 국가의 정책적 의도와 정책 추진 역량을 매개로 그 효과가 산출되기 때문이다.[8] 그러나 이런 문제의식에 입각한 연구는 적은 편이다.[9]

---

5) 예컨대 Stephan Haggard and Marcus Noland, "Networks, Trust, and Trade: The Microeconomics of China-Norch Korea Integration," Peterson Institute for International Economics, Working Paper, 12-8(2012) 참조.

6) 예컨대 James Reilly, "China's Market Influence in North Korea," *Asian Survey*, Vol.54, No.5(2014) 참조.

7) 북·중 경협에 대한 이 두 가지 평가를 비교해보면, 전자는 중앙 국가의 반시장적 또는 강력한 시장통제적 역량의 강화나 현상 유지에 북·중 경협이 중·단기적으로 기여하고 있다는 평가와 연결될 수 있다. 반면에 후자는 지방정부 차원의 시장경제적 의식이나 행위 지향성의 확산이 장기적으로 경제개혁의 체제 내적 추동력으로 발전할 수도 있다는 평가와 연결될 수 있다.

3대 세습 후계 정권의 성립이라는 매우 중요한 북한의 정치경제적 변동을 중심고리로 설정해서 이 점을 검토한 연구는 별로 없다.[10] 이 글에서는 주요한 북·중 경협에 해당하는 공식적 외화벌이(외화 획득) 사업의 전개 방식을 중심으로 세습 후계 정권으로서 김정은 정권의 외화벌이 사업의 정치경제적 의의를 검토함으로써 북·중 경협이 북한의 경제개혁이나 체제전환과 관련해서 어떤 시사점을 주는지를 파악하고자 한다.[11] 이런 시사점 위에서

---

8) 최봉대, 「북한 체제전환과 국제금융기구의 기술원조 방안: 중국·베트남 사례에 비춰 본 수용방식과 효과문제를 중심으로」, ≪현대북한연구≫, 12권 2호(2009) 참조. 체제 전환국의 정치적 민주화 이행에서 국제적 요인의 영향력에 대한 과도한 평가의 오류에 관해서는 Jakob Tolstrup, "When can external actors influence democratization? Leverage, linkages, and gatekeeper elites," *Democratization*, Vol. 20, Iss. 4(2013) 참조.

9) 북한 지도부가 남한 정부의 경제적 관여를 체제 생존을 위해 전술적 차원에서 활용했다는 점을 지적하는 글로는 Charles K. Armstrong, "North Korea's South Korea Policy: Tactical Change, Strategic Consistency," In Kim Sung Chull and David C. Kang(eds.) *Engagement with North Korea: A Viable Alternative*(Albany : State University of New York Press, 2009)와 Hazel Smith, "How South Korean Means Support North Korean Ends: Crossed Purposes in Inter-Korean Economic Cooperation," *International Journal of Korean Unification Studies*, Vol. 14, No. 2(2005) 참조. 그리고 남한, 중국, 러시아의 대북 경제적 관여 효과의 유사점과 차이점을 북한의 국가 역량과 정책적 의도와 관련시켜 검토한 글로는 최봉대, 「동북아 지역경제협력과 대북 경제적 관여정책의 효과」, 『동북아 질서 재편과 북한의 정치경제적 변화』(서울: 한울, 2010) 참조.

10) 이 글과 부분적으로 문제의식을 공유하는 연구로 박형중 외, 「수령독재 하에서 권력과 이권을 둘러싼 갈등 동학 그리고 장성택 숙청」, ≪북한연구학회보≫, 18권 1호(2014) 참조. 이 연구는 김정은의 후계 승계 국면에서 후견권(섭정권) 행사와 이권 확보를 둘러싼 '분파적' 권력 투쟁이 중첩됨으로써 승계 과정이 폭력적으로 일단락되었다고 파악한 점에서 유의미하다. 그런데 이런 접근에서는 분파적 권력 투쟁을 유발하는 이익배분 기제의 내적 동학에 대한 분석이 미약하기 때문에 김정은 정권의 경제개혁 정책과 연관된 시사점을 찾기가 쉽지 않다.

11) 어렵지 않게 짐작할 수 있는 바이지만 김정은 정권의 외화벌이 사업 관련 자료는 선대

중국이나 국제사회의 대북 경제적 관여나 제재의 효과와 관련해 사전에 고
려해야 할 점들을 시사 받을 수 있을 것이다.

2. 세습 후계 정권의 권력 기반과 지대추구 기제

1) 세습 후계 정권의 안정화 과제: 지대 재분배와 경제개혁 문제

일반적으로 독재 체제에서 후계 세습은 독재자가 후계자의 위협으로부
터 자신을 방어할 수 있고, 또 후계 정권의 정치적 안정이 비교적 잘 보장될
수 있는 '합리적' 형태의 권력 승계라고 간주된다.[12] 그렇지만 독재정권의

김정일 정권 시기와 마찬가지로 인터넷 매체 위주의 단편적인 비공식 보도나 탈북자
증언 수준의 개략적이고 불완전한 내용 이외에 참고할 수 있는 게 별로 없다. 이 글도
크게 보아 이런 자료의 한계를 안고 있다고 봐야 할 것이다.

12) Peter Kurrild-Klitgaard, "Autocratic Succession," *The Encyclopedia of Public
Choice*, Vol. 2(New York: Kluwer Academic Publishers, 2004), p.37; Peter Kurrild-
Klitgaard, "The Constitutional Economics of Autocratic Succession," *Public Choice*,
Vol. 103, Iss. 1-2(2000), pp.69~72 참조. 독재 체제의 후계 문제와 관련해서 '공공선택'
이론에 기반을 둔 유관 연구들은 유용한 면이 있다. 그렇지만 이 연구들도 '정치의
경제(학)이론'화를 꾀하는 공공선택이론 일반의 문제점으로 지적되고 있는 시장의
우월성에 대한 몰역사적 인식과 시장 교환관계의 정치 영역 적용, 방법론적 개인주
의에 기인하는 집합행동의 개념적 범주 배제, 연역적 이론 구성 강조에 따른 역사
적·경험적 현실 분석의 제약 등과 같은 문제에서 자유롭지 못하다는 점을 유념할
필요가 있다. 이런 지적과 관련해서 Lars Udehn, *The Limits of Public Choice: A
Sociological Critique of the Economic Theory of Politics* (New York: Routledge,
1996), ch.1, ch.3~5; Keith Dowding and Andrew Hindmoor, "The usual suspects:
Rational choice, socialism and political theory," *New Political Economy*, Vol. 2,
No. 3(1997); Thomas Apolte, "Gordon Tullock's theory of dictatorship and

정치적 안정의 주된 물적 토대인 지대 재분배 문제를 중심에 놓고 볼 경우, 세습 후계자의 권력 기반 강화 과정에서 두 가지 중요한 정치경제적 문제가 제기된다.[13] 하나는 후계자가 지배 엘리트의 충성을 보장받기 위해 기존

revolution"〔Diskussionspapier, Centrum fur Interdisziplinare Wirtschaftsforschung, No. 2(2015)〕 참조. 특히 방법론적 개인주의에 입각한 독재 체제 분석에서는 독재자(지배자)와 경쟁자들(핵심 엘리트 성원이나 측근 개인들) 간에 지대 재분배를 둘러싸고 전개되는 호선이나 후견 형태의 권력 투쟁이나 지배연합 변화가 주된 분석 대상으로 설정된다. 이런 접근법에서 국가는 이들의 지대추구 갈등이 전개되는 정치적 장(場)으로 위치지위지고, 국가기구들은 일차적으로 이들의 개인 이익 실현을 위한 도구로 간주된다. 따라서 대외적으로 전략적 행위자로서 그리고 대내적으로 사회적 조정과 경제 관리의 제도적 장치로서 작동하는 국가의 동학을 통합해내기가 쉽지 않은 문제도 발생한다.

13) 지대는 '이미 창출된 경제적 잉여의 이전을 포함한 비생산적 활동에서 발생하는 수입이나 수익'으로 볼 수 있고, 지대추구 활동은 지대를 수취하기 위한 '정치적으로 중재된 기회들'이라고 할 수 있다. Catherine Boone, "The Making of Rentier Class: Wealth Accumulation and Political Control in Senegal," *Journal of Development Studies,* Vol. 26, Iss. 3(1990), p. 427; 최봉대, 「북한의 지역경제협력 접근방식의 특징: 신가산제적 사인독재정권의 '혁명자금 관리제도'와 대외경제협력의 제약」, ≪현대북한연구≫, 14권 1호(2011), pp. 209~210 참조. 여기서는 좀 더 특정해서 독재정권이 주로 자원 수출을 통해 실현하는 외부지대와 관련된 문제를 세습 독재정권의 정치적 안정화와 관련해서 검토한다. 북한과 미얀마 같은 독재정권의 외부지대 실현 문제에 관해서는 최봉대, 「미얀마 군부정권의 월경 경제협력과 체제전환의 동학」과 최봉대, 「북한의 국가역량과 시장 활성화의 체제이행론적 의미」, ≪통일문제연구≫, 제26권 1호(2014) 참조. 이 점에서 이 글은 소련 관료제의 지대추구의 정치경제학적 함의를 시장 청산가격에 미달되는 '행정가격' 제도와 만성적 물자 부족 상황과 연관시켜 해석하는 오스트리아 학파의 '공공선택'이론 연구들과 검토 대상을 달리한다. 이 부류 연구들의 문제의식에 관해서는 Peter J. Boettke and Peter T. Leeson, "Public Choice and Socialism," *The Encyclopedia of Public Choice,* Vol. 2(New York: Kluwer Academic Publishers, 2004), pp. 439~444 참조. 이 연구들은 시장이 희소 자원의 최적의 효율적 배분 기제라는 선험적 상정 위에서 '지대추구'를 시장의 효율적 작동 저해라는 관점에서 일차적으로 파악하는 '공공선택'이론의 기본 인식〔Galip L. Yalman, "Economic theories of state or 'economics imperialism': Rent-seeking analysis as an

선대정권의 지대 수취-재분배 기제를 유지하면서, 자신의 측근들로 지배 엘리트 일부를 '세대교체' 하는 데에 따른 문제가 있다. 공화제를 표방하는 중동 일부 국가들의 '종신 대통령제'에서 볼 수 있는 것처럼 부자간 권력 승계 방식의 '정치적 왕조' 체제 구축 과정에서 기존 지대 재분배 기제의 지속은 지배 엘리트 입장에서 불안정한 승계에 뒤따를 권력 투쟁을 차단하면서, 자신들의 특권을 유지 할 수 있는 일종의 '집단적 안전장치'로 작용한다는 점에서 후계 정권의 정치적 안정에 기여한다.[14] 그렇지만 기존의 지대 재분배 기제는 후계자가 자신의 측근 세력을 형성하고, 지배 엘리트 내 지지 기반을 구축하는 '정치적 세대' 교체 과정에서 부분적으로 변형될 수밖에 없다. 따라서 일반적으로 세습 후계는 정치적 안정을 보장한다고 볼 수 있지만, 후계자와 연관된 정치적 세대교체 과정에서 분파적 권력 투쟁이 발생할

---

exemplar," *METU Studies in Development*, Vol.34, No.2(2007), pp.392-398]을 공유하고 있다. 따라서 이 연구들에서 소련 체제는 예컨대 '신중상주의적 국가에 의해 억압되거나' '강력한 정부 규제하의 시장경제'에 가까운 '지대추구 사회'로 규정된다. Gary M. Anderson and Peter J. Boettke, "Perestroika and Public Choice: The Economics of Autocratic Succession in a Rent-Seeking Society," *Public Choice*, Vol.75, Iss.2(1993); Gary M. Anderson and Peter J. Boettke, "Soviet venality: A rent-seeking model of the communist state." *Public Choice*, Vol.93, Iss.1(1997) 참조. 시장과 지대추구와 관련된 논점과 별개로 이 연구들의 소련 '사회주의' 체제 분석은 부분적으로는 유용할 수 있다.

14) 고든 털럭, 『전제정치(Autocracy)』, 황수연 외 옮김(부산 : 경성대학교출판부, 2011), 266~268쪽; Jason Brownlee, "A New Generation of Autocracy in Egypt," *The Brown Journal of World Affairs*, Vol.14, No.1(2007), pp.79~81 참조. 바꿔 말하자면 세습 승계는 지배 연합의 연속성을 보장함으로써 후계 체제의 정치적 불확실성을 줄여주고, 이양기 권력 공백을 방지할 수 있다는 점에서 지배 엘리트가 선호하는 근대 독재 체제의 제도적 재생산 장치라고 할 수 있다(Jason Brownlee, "Hereditary Succession in Modern Autocracies," *World Politics*, Vol.59, No.4(2007), pp.597~598, 605~607) 참조.

수 있다.[15)]

　다른 하나는 세습 형태의 권력 승계에만 해당되는 것은 아니지만, 선대 독재자와 다른 교육 환경이나 정치적 배경 속에서 성장한 후계자가 권력의 안정적 지지 기반 구축을 염두에 두고 침체된 경제의 활성화와 대중적 정당성 제고를 위해 경제개혁을 추진하는 문제가 있다.[16)] 그렇지만 후계자의

---

15) 정치적 세대교체는 후계 정권의 성립·발전 과정에서 이루어지는 지배 엘리트의 세대교체라고 할 수 있다. 정치적 세대의 정의에 대해서는 최봉대, 「북한 청년층과 정치적 세대 구성 문제」, 『북한 청년들은 "새 세대"인가?』(서울: 경남대학교 출판부, 2015), 57~58쪽 참조. '엘리트 세대'라는 용어를 사용해 소련 브레즈네프 (Brezhnev) 정권 시기 지배 엘리트의 '정치적 세대' 정체성을 유형적으로 구분한 글로는 Seweryn Bialer, *Stalin's Successors: Leadership, Stability and Change in the Soviet Union* (Cambridge: Cambridge University Press, 1980), ch.6 참조. 시리아 세습 후계 정권의 정치적 세대교체에 관해서는 Roger Owen, *The Rise and Fall of Arab Presidents for Life* (Cambridge, Massachusetts: Harvard University Press, 2012), pp.142~143 참조. 쿠바 라울 정권과 관련해서는 William M. Leogrande, "Cuba's Perilous Political Transition to the Post-Castro Era," *Journal of Latin American Studies,* Vol.47, Iss.2(2015), pp.399~401 참조. 또 소련 고르바초프 정권의 경제개혁을 둘러싼 지배 엘리트 내의 분파적 권력 투쟁을 브레즈네프 정권 이후 당·국가 지도부를 오랫동안 독점해온 고령의 최상층 관료집단의 생물학적 도태에 따른 권력 승계 국면에서, 인구학적 코호트(cohort) 특성과 정치적 세대교체가 중첩됨에 따라 지대 재분배를 둘러싸고 격렬하게 전개될 수밖에 없는 후견제 연결망의 정치적 재조정 과정으로 해석하는 Gary M. Anderson and Peter J. Boettke, "Perestroika and Public Choice: The Economics of Autocratic Succession in a Rent-Seeking Society" 도 참조할 수 있다. 흐루시초프를 실각시키고 성립된 브레즈네프 정권이 지도부 세대교체와 관련된 점진적 준비를 배제함으로써 권력 승계 국면에서 중간 관료층 내에 더욱 격렬한 형태의 응축된 변화를 예비할 수밖에 없었다는 지적에 관해서는 Seweryn Bialer, 같은 글, ch.5 참조.

16) Sheila Carapico, "Successions, transitions, coups and revolutions," *Middle East Policy,* Vol.9, No.3(2002), pp.109~110 참조. 후계자의 개혁 구상에는 제한적인 정치적 자유화 조치가 포함될 수도 있는데, 경제개혁이나 정치적 자유화 조치와 같은 이런 문제는 독재 체제 내에 이미 존재하지만 억제되고 있는 압력과 경향들이 후계 국면을

이런 시도는 시장적 관계 확산에 따른 지대 수취의 불이익을 우려한 지배 엘리트의 반발을 초래하기 쉽다.[17] 실제로 지배 엘리트의 집단적 '저항'은 후계자의 경제개혁을 무력화하는 중요한 요인으로 작용하기도 한다.[18] 그런데 후계자는 이런 반발도 고려해야 하지만, 자체적으로 경제개혁 구상을 제한하는 경향이 있다. 왜냐하면 지배 엘리트와 마찬가지로 후계자는 사회 내 시장적 이윤 추구 자유의 허용은 수평적인 사회적 연결망의 확산을 촉진해 자신의 취약한 권력 기반을 불안정하게 만들 수 있다는 점을 의식하고 있기 때문이다.[19] 따라서 후계자는 자신의 권력 강화에 위협이 되지 않는 한도 내에서 경제개혁을 추진하는 절충적 해결책을 모색하는 경향이 있다.[20]

매개로 표출되는 경향과 관계가 있다. Roger Owen, 같은 책, p.66 참조.

17) 지배 엘리트의 반대는 예컨대 '특권적 지위의 자본 가치를 현금화할 수 없는' 권력기관들(대체로 사법보안·정보 계통 국가기구들)이 반대하는 양상으로 나타난다. Gary M. Anderson and Peter J. Boettke, "Soviet venality: A rent-seeking model of the communist state," p.43.

18) 예컨대 사회주의 시기 동구 일부 국가들과 소련의 흐루시초프(Khrushchyov) 정권, 고르바초프(Gorbachev) 정권에서 관료집단의 저항에 따른 경제개혁의 실패를 지적하는 글로는 Andrzej Korbonski, "The Politics of Economic Reforms in Eastern Europe: The Last Thirty Years," *Soviet Studies,* Vol.41, No.1(1989), pp.15~16; W. J. Tompson, "Khrushchev and Gorbachev as Reformers: A Comparison," *British Journal of Political Science,* Vol.23, No.1(1993) 참조. 유사한 맥락에서 쿠바의 라울(Raul) 정권이 추진 중인 경제개혁이 실패할 가능성에 관한 (시나리오적) 논의로는 Vegard Bye, "Political Implications of Recent Economic Reform Trends in Cuba: The 2014 Status," *Cuba in Transition,* Vol.24(2014), pp.47~49, p.57; William M. Leogrande, "Cuba's Perilous Political Transition to the Post-Castro Era," pp.393~394 참조.

19) Jorge A. Sanguinetty, "Comments on 'A Different Perspective on Cuba's 'Structural' Reforms' by Roger R. Betancourt," *Cuba in Transition,* Vol.24(2014), p.101 참조.

20) 일반적으로 후계 정권의 경제개혁 추진이 '제한적인' 이유는 대체로 이 때문이라고 볼

아래에서는 세습 후계 정권의 정치적 안정화와 관련된 이 두 가지 문제가 북한의 경우에는 어떤 맥락 속에서 논의될 수 있는지를 짚어본다.

2) 북한 정권의 지대 기제 특성과 후계자의 자유재량권

북한의 경우 이미 김정일 정권 시기에도 외화벌이를 통해 실현한 지대를 독재자가 특수 단위들(핵심적 권력기관들)에 재분배하는 기제에 의해 핵심 엘리트의 충성에 유인력을 제공해왔다.[21] 김정은 후계 정권은 이 기제를 승계했고, 북·중 경협은 이런 외부지대 실현의 장으로 작용해왔다.[22] 그런

수 있다. 여기서 경제개혁의 '제한성'은 이른바 '이행학'의 논리 구조와 친화력이 있는 '부분적 경제개혁'론의 정체된 균형 상태 상정에 관한 한 비판에서 시사 받을 수 있는 것처럼, 후계 정권이 대내외적 제약 요인들과 상호작용 속에서 비공식적이거나 점진적이거나 부문별 차등화 방식 등으로 '적응적 자기 변형'을 거치면서 경제개혁을 추진할 가능성이 있다는 것을 뜻한다〔'부분적 경제개혁'론과 이에 대한 비판에 관해서는 Joel S. Hellman, "Winners Take All: the Politics of Partial Reform in Postcommunist Transitions," *World Politics*, Vol.50, No.2(1998)과 Andrew Barnes, "From the Politics of Economic Reform to the Functioning of Political Economies," *Demokratizatsiya*, Vol.20, No.2(2012) 참조〕. 한 예로 요르단의 세습 후계 군주가 선별적인 신자유주의적 경제개혁과 지대 재분배 기제의 변형에 기초해서 핵심 관료집단과 기층 지지 세력 양자를 정치적으로 포섭함으로써 전제적 권력을 '안정적으로' 유지하는 것을 보여주는 Sean L. Yom, "Jordan: Ten More Years of Autocracy," *Journal of Democracy*, Vol.20, Iss.4(2009), pp.155~157 참조. 쿠바 이행 경로의 '불확정성'에 관한 문제 제기 차원 논의로 Jose M. March-Poquet, "What Type of Transition is Cuba Undergoing?" *Post-Communist Economies*, Vol.12, No.1(2000) 참조.

21) 최봉대, 「북한의 지역경제협력 접근방식의 특징: 신가산제적 사인독재정권의 '혁명자금 관리제도'와 대외경제협력의 제약」, 213~226쪽 참조.

22) 이 점에 관해서는 후술한다. 여기서는 권력 승계 국면에서 특수 단위들과 상호 작용하는 후계자로서 김정은 한 개인보다는 김정은과 그의 직속 '친위' 세력을 포괄하는 실체라는 의미로 사용한다. 비공식 보도들에 비춰볼 때 북한 지배 엘리트 내에서 김정은

데 북한은 독재자와 지배 엘리트 간의 지대 수취-재분배 기제가 다중적으로 구성되어 있고, 비공식적으로 제도화되어 있다는 점에서 좀 독특하다. 독재자는 중앙당 직속 편제로 39호실과 38호실이라는 특권적인 전문 외화벌이 기구들을 관리하면서, 특수 단위들이 상신한 제의서를 '비준'하는 형식으로 이 단위들에게 외화벌이('원천' 자원 수출) 권한이라는 지대 수취 기회를 할당해준다. 특수 단위들은 실현된 지대(외화 수입)를 일차적으로 해당 기관 사업비나 국가적 과제 수행 부담금으로 지출하고, 일부를 혁명자금으로 상납한다.

이렇게 볼 때 김정은 정권에서는 일반적인 독재 체제 모형에서 상정하는 것처럼 '독재자에 의한 지대 분배라는 경제적 보상'과 '핵심 엘리트의 충성이라는 정치적 지지'에 기반을 둔 단순한 후견 관계가 작동하기보다는 특수 단위들의 측근 세력(핵심 관료들)이 정치적 충성과 더불어 지대 상납이라는 경제적 실적에 따라 정치적 신임을 획득하고, 관료 조직 내 상승 이동이라는 정치적 보상을 받게 되는 지대추구 기제가 작동한다.[23] 따라서 시장 억

이 후계자로 공식화되기 전에 조직되어 후계 체제 구축 사업에 들어간 것으로 알려진 일종의 '상무조'를 김정은의 핵심 지지 세력이라고 볼 수 있을 것 같다. 이 점과 관련해서 "김정은 날치기 후계자 아냐, 2007년 후계 내정", 《열린북한통신》, 2010년 10월 4일 자; "'북한 X세대' 알아야 김정은이 보인다", 《시사IN》, 328호(2013) 참조. 아마도 이 집단은 김정은과 당·국가기구의 중상급 핵심 간부들을 체계적으로 연결하는 비공식적 후견 관계망을 조직화하는 형태로 유지되고 있을 법하다. 이 점을 시사해 주는 보도로 "北 숙청·세대교체 … 김정은 '인적기반' 구축", 연합뉴스, 2011년 6월 2일 자 참조.

23) 핵심 관료에게 주어지는 정치적 보상은 독재자에 의한 특권적인 정치적 지위의 보장이다. 따라서 핵심 관료가 얻게 되는 경제적 보상은 그런 정치적 지위에 따라오는 경제적 특혜이고 이런 특혜에는 '간부 부패'를 매개로 증식한 외화 자산이 포함되어 있다고 볼 수 있다. 이런 맥락에서 북한 국가 상층부의 핵심 엘리트 내 지대추구 경쟁은 1930년대 스탈린 지배 체제하에서 그의 측근들이 소속 성기관의 계획 실적을 위해 자

압적 '지대 수취 기회 할당→지대 실현→재분배' 기제(이하 지대 기제로 약칭) 작동에서 가장 중요한 지대 수취자는 이중적 지대 수입원을 갖고 있는 독재자(후계자)라고 볼 수 있다.[24] 후계자인 김정은의 입장에서 특수 단위들에 대한 지대 수취 기회의 할당이나 자신에게 집중되는 지대 처분의 자유재량권을 온전히 행사할 수 있는 경우 지대 기제는 후계 정권의 정치적 안정에 기여한다고 볼 수 있다. 그런데 김정일의 예기치 않은 사망으로 인해 권력을 승계한 김정은의 정치적 기반은 상대적으로 취약할 수밖에 없다. 따라서 지대 기제 관련 자유재량권의 확보가 일차적으로 후계자 권력 기반 공고화의 핵심 사안이 된다. 김정은의 입장에서 선대정권의 지대 기제를 승계했다고 해서 자신의 권력 기반이 공고화되는 것은 아니기 때문이다. 이런 자유재량권 확보를 위한, 정치적 세대교체를 통한 김정은의 측근 세력 규합은 특수 단위들 간의 지대 수취 재조정으로 연결되고, 사후적 평가이지만 장성택계의 숙청에서 드러난 것처럼 이는 분파적 권력 투쟁을 촉발했다.

지대 기제 관련 자유재량권 확보와 특수 단위들의 지대 수취 재조정에 의해 자신의 권력 기반을 강화하려는 김정은의 이런 처지는 위의 일반론에서와 마찬가지로 북한의 경제개혁 전망을 제약한다. 즉 김정은이 인민경제의

원 할당 경쟁을 벌인 것과 유사한 면이 있다. 이 경우 지대추구는 '정치적 이득 형태의 보상 단위당 노력 절감'이라는 정치경제적 의미를 포함하고 있다. Eugienia Belova and Paul Gregory, "Dictator, Loyal, and Opportunistic Agents: The Soviet Archives on Creating the Soviet Economic System," *Public Choice*, Vol.113, Iss.3-4(2002), p.273.

24) 특수 단위들의 시장 억압적 지대추구 문제는 사법보안기관들이나 군부가 유능한 '사민'(민간인)들의 자금 동원력과 대중국 사업 연결망을 이용해서 외화벌이를 한 뒤에 이들을 실정법 위반으로 처벌함으로써 외화벌이에 따른 시장적 관계의 확산을 폭력적으로 억제하려고 하는 데에서 잘 드러난다. 이 점에 관해서 최봉대, 「북한의 국가역량과 시장 활성화의 체제이행론적 의미」, 172~173쪽 참조.

열악한 실태와 관련해서 제기되는 경제개혁의 필요성을 인식하고 있다고 할지라도 자신의 독재적 권력 행사와 지배 엘리트의 충성을 보장해주는 지대 기제를 근본적으로 제약하기는 어렵다. 이 점에서 기존 지대 기제는 후계자에 의한 측근 세력 구축을 위한 정치적 세대교체와 연계되어 부분적으로만 변형될 것이라고 예상할 수 있다. 특수 단위들도 배타적 지대 수취 기회의 침식 우려나 시장적 관계의 확산에 따른 사회통제 어려움의 증가나 잠재적인 정치적 위험 부담을 의식해서 후계자와 마찬가지로 경제개혁에 소극적이라고 볼 수 있다.[25] 더구나 외화 지대 수입의 처분과 관련된 후계자의 자유재량권 보장이 시장 억압적 지대 기제에 의존하고 있다는 점도 김정은 정권에서 경제개혁 추진을 '제한하는' 규정력으로 작용한다.[26]

아래에서는 이상의 논의를 토대로 지대 기제를 매개로 한 김정은 후계 정권의 권력 기반 강화 문제와 이와 연계된 경제개혁의 제한성 문제를 두 가지 면에서 살펴본다. 먼저 후계자 측근 세력(특수 단위들 핵심 엘리트) 간의 지대 수취 기회 분배가 이 두 문제와 관련해서 어떤 효과를 산출하고, 또 정책적 규정력으로 작용하는지를 검토한다. 그다음으로 후계자와 지배 엘리트 및 주민 일반의 관계에서 혁명자금의 재분배가 이 두 문제와 관련해서

---

25) 소련의 국가보안기구들이 그러했던 것처럼 북한의 특수 단위들도 국가관료제 내 다른 모든 조직과 마찬가지로 해당 조직의 필요성과 고유 업무의 가치를 입증하려고 하는 관료 조직체들이라는 점에서 반시장적인 보수적 입장을 지니고 있다고 볼 수 있다. Michael Ellman, "The political economy of Stalinism in the light of the archival revolution," *Journal of Institutional Economics,* Vol.4, No.1(2008), p.116. 이는 지배 엘리트 개개인이 소속 조직의 공적 정체성에서 벗어나 경제개혁을 지지하는 것과 별개의 문제이다.

26) 여기서 '제한성'의 의미는 각주 20번 참조. 이와 관련해서 중요하게 제기될 수 있는 문제는 국가에 의한 시장 억압적 지대 수취 자체보다는 중앙집중적으로 관리되는 지대의 '생산적 투자' 전환 여부라고 할 수 있을 것이다.

시사하는 점을 짚어볼 것이다. 이를 위해 선대정권의 지대 기제에 대한 후계자의 수용 방식을 먼저 살펴봄으로써 이 문제들을 검토하기 위한 예비적 논거를 마련할 것이다.

3. 김정은 정권의 지대 기제와 후계권력 기반의 강화

1) 혁명자금과 후계권력의 물적 원천: 선대정권과의 연속성

세습 후계자로서 김정은이 후계권력 강화를 위해 선대정권에서 물려받은 지대 기제에 의존하고 있다는 것은 비공식 보도나 정황적 근거들에 의해 어렵지 않게 확인할 수 있다. 여기서는 이중적 지대 수취 방식과 지대 수취 기회의 할당 방식, 혁명자금의 용도 등을 선대정권과의 연속성 속에서 간략하게 사례 위주로 먼저 살펴본다. 그 뒤에 김정은 정권의 권력 기반 강화와 다중적 지대 기제의 관계를 검토한다.

김정은 정권에서 혁명자금 조성 명목의 지대 수취는 크게 보아 두 가지 방식에 의존한다. 하나는 후계자 직속의 당 39호실의 다양한 외화벌이이고, 다른 하나는 특수 단위나 일부 성기관과 산하 기업소의 외화벌이를 통해 획득한 지대 일부의 상납에 의한 것이다.[27] 먼저 39호실 외화벌이에는 산하 기업들의 원천 수출이나 되거리무역 등을 통한 외화 획득, 수출기업소들을 포함한 주요 단위 조직의 5호관리부(관리소)를 통한 외화 수입 등이 포함된

---

27) 이 외에 원칙적으로 당원들에 한정해서 연례적으로 수행하는 '충성의 외화벌이'도 혁명자금 조성 방식에 포함된다.

다. 김정은 정권에서도 혁명자금의 가장 큰 부분을 차지하는 39호실 외화
벌이의 주된 수입원들은 대체로 유지되는 것 같다. 차이가 있다면 중국계
자본과 국내 운수계통 및 석유시추 합영 사업을 전개하는 KKG(금강개발총
회사) 사업이나 직속 무역기구들의 개편에서 나타나듯이 외화 획득 증대를
위해 39호실 사업이 좀 더 다각화되고 있다는 점이다.[28]

　그다음으로 특수 단위들에 대한 외화벌이 지대 수취 기회의 할당 방식이
나 지대 일부 상납 문제와 관련해서도 '원천' 자원 수출의 통합적 관리 외엔
기본적으로 차이가 나지 않는 것 같다.[29] 한 사례로 후계 정권이 성립하기
이전인 2009년에 김정은의 지지를 받던 정찰총국장 김영철이 제2경제의 무
기 수출 무역회사인 청송연합의 통제권을 국방위원회 부위원장 오극렬로부
터 '접수'한 뒤에,[30] 정찰총국의 모든 역량을 '후계 확립에 집중'하면서 청송
연합 외화벌이를 통해 김정은의 혁명자금을 조성하는 데 적극적이었던 것
으로 알려졌다.[31] 다른 사례로 김정은 자신이 2010년 말 국가보위부를 순

---

28) "North Korea: The secrets of Office 39," *Financial Times,* June, 24, 2015; "북, '혁명
자금' 확보위해 무역기관 재정비", 자유아시아방송, 2015년 6월 1일 자 참조.

29) 장성택계 숙청 이후 특수 단위 무역회사들이 수출하는 석탄 같은 주요 원천의 수출 물
량이나 가격 협상 업무를 현지 북한 공관의 경제대표부가 이 회사들을 대리해서 통합
적으로 관리하는 것으로 보인다. "비밀리 접촉한 북한 무역상사원의 증언", ≪아시아
프레스≫, 2014년 4월 3일 자 참조. 대외경제성의 경제대표부를 통한 원천 수출 창구
의 단일화는 특수 단위 무역주재원을 포함한 상급 간부들에 의한 외화벌이 공급 횡령
을 차단하고 외화 재정 수입을 벌충하기 위한 조치라고 볼 수 있다.

30) "北오극렬이 챙기던 외화벌이 업체 '청송' 김영철이 대들어 강탈", ≪중앙일보 북한네
트≫, 2012년 7월 18일 자 참조. 다른 보도에서도 당시 후계 문제로 김 부자가 정찰총
국에 힘을 실어주었다고 지적하고 있다. "김대장(정은) 통치능력 검증되지 않았다",
≪데일리엔케이≫, 2010년 6월 18일 자.

31) "서서히 달아오르고 있는 북한최고지도부 내부권력암투", NK지식인연대, 2012년 2월
20일 자; "김대장(정은) 통치능력 검증되지 않았다", ≪데일리엔케이≫, 201년 6월 18

시한 자리에서 도감청 장비 현대화사업 비용을 혁명자금에서 지원할 것이라고 하면서, 보위 사업 지원을 강화하기 위한 전문 외화벌이 부서의 증설을 검토하라고 지시한 것을 들 수 있다.[32] 이는 국가보위부가 외화벌이 사업 확대에 의해 자체적으로 업무 추진 역량을 강화하고 수취한 지대의 일부를 혁명자금으로 상납한다는 것을 뜻한다. 또 다른 사례로 후계 정권 성립 이후인 2013년 중반, 인민보안부의 수사·감찰 기능 강화와 보안원 후방 사업(처우 개선)을 위해 김정은이 산하 각급 단위 조직에 '수출원천동원과'를 설치해 운영하도록 지시한 것을 들 수 있다.[33] 이 지시는 인민보안부 산하 조직에 간접적인 방식의 외화벌이를 허용한 것으로 해석할 수 있다. 이 사례들은 김정은이 후계자 지명 시절에 이미 특수 단위들의 지대 수취 기회의 할당 권한을 행사했다는 것과, 그 목적이 특수 단위들의 외화벌이 기득 이권을 인정해주면서, 세습 후계자의 권력 기반 강화를 위한 혁명자금 조성과 사법보안기구의 통제역량 강화에 있었다는 것을 잘 보여준다. 이와 같이 후

일 자. 사실 여부는 좀 더 확인해야 될 문제이지만, 일부에서는 북한 최상층 간부들의 자식들로 구성된 소규모 비공식 집단도 김정은 '후계자금' 조성을 위한 '충성 경쟁'에 나섰고, 이들이 광산 개발, 황금평·라선 경제특구 개발 관련 외자 유치 사업뿐만 아니라 무기·마약 밀매까지도 나섰다고 보기도 한다. "北 김정철, 고위층 자제 모임 '봉화조' 수령 역할", 연합뉴스, 2013년 5월 31일 자. 중국 정부 고위관료들 자식들과의 사적 인맥 관계를 통해 중국의 대북 지원사업 정보를 사전에 입수해 북한의 특정 국가기관들이 이 사업을 처리할 수 있도록 연결해주고 거액의 리베이트를 챙기는 북한 고위 간부들 자식들의 비공식적인 외부지대 수취 문제도 이런 맥락에서 고려해볼 수 있다. "Further Insights On PRC-DPRK Trade: Decisions, Disputes, And Back-Door Deals," 미국의 선양 총영사관의 북한정세 보고 전문(2010.1.11) 참조.

32) "김정은, 김정일 앞에서 국가안전보위부 기강 잡아", 열린북한방송, 2010년 11월 16일 자 참조.

33) "북, 인민보안부 개혁 예고", 자유아시아방송, 2013년 9월 6일 자; "김정은, 분주소장들에게 "가차없이 짓뭉개라"", 자유북한방송, 2012년 11월 14일 자 참조.

계 정권 성립 이전부터 김정은은 자신의 권력 기반을 보강하기 위해 선대정권의 기존 지대 기제를 적극적으로 활용했다고 볼 수 있다.

2) 후계자의 권력 강화와 특수 단위들의 지대 수취 기회 배분

2012년 7월의 군 총참모장 리영호 해임이나 2013년 12월의 중앙당 행정부장 장성택 숙청은 이들이 김정은의 '후견인'이었다는 점에서 예상치 못한 일이었지만, 이 사건들은 기존 지대 기제를 활용한 김정은의 권력 기반 강화 과정이 순탄하지만은 않다는 것을 보여준 점에서도 중요하다. 대다수 보도들에 의하면 리영호 해임은 군부에 상대적으로 집중된 외화벌이 사업의 축소를 둘러싸고 군부와 김정은을 앞세운 다른 핵심 엘리트 간에 벌어진 갈등에서 비롯되었다. 이 사건으로 인해 리영호 등 일부 군 핵심 엘리트가 제거되고, 김정은과 장성택 등 측근 집단의 정치적 입지가 강화되었다. 김정은의 경제개혁 구상과 관련된 사안이기도 하지만 이 사건 뒤에 특수 단위들의 일부 외화벌이 사업이 내각으로 이관되었다.[34]

그런데 장성택 처형 판결문을 보면, 리영호 해임 사건 뒤에도 군부의 핵심 무역회사인 총정치국 54부를 장성택이 직계 수하들을 통해 실질적으로 관리하면서 오히려 사업 영역을 확장한 것으로 나온다.[35] 외화벌이 사업 확대를 통한 '종파적인' 경제적 지배력의 강화가 내각의 경제 관리에 타격을 가했다는 점이 장성택계 숙청의 중요한 이유로 제시된 데에서 이를 알 수

---

34) 예컨대 2012~2013년 초에 중앙당연락소의 석탄과 광물 반출 권한이, 그리고 무력부 후방총국의 군복 생산과 보유 광산이 내각으로 이관되었다는 보도에 관해서는 "장성택은 왜 숙청됐나?" 자유아시아방송, 2013년 12월 9일 자 참조.
35) "노동신문 장성택 보도 전문", ≪중앙일보≫, 2013년 12월 14일 자 참조.

있다.36) 즉, 리영호의 해임 사건 뒤에 군부의 중요한 외화벌이 사업들의 상당 부분을 당 행정부가 관할했다는 것을 알 수 있다.37) 따라서 장성택 숙청 뒤에는 장성택계가 장악했던 외화벌이 사업의 상당 부분이 내각에 이관될 것으로 예상되었다. 그런데 장성택의 숙청 뒤에 54부가 해체되고, 해당 외화벌이 사업들이 당·군부·내각으로 분산 이관되었지만 상대적으로 비중이 떨어지는 일부 사업들이 내각으로 이관된 것으로 파악된다.38) 반면에 54부의 주력 사업들은 당이나 무력부의 강성무역총회사로 이관된 것으로 보인다.39)

이와 같이 후계 정권의 지대 기제를 매개로 전개된 두 차례의 숙청 사건과 그 귀결은 후계 정권 초기에 김정은의 지대 기제 통제 관련 자유재량권 행사에 일정한 제약이 있었다는 것을 보여준다. 그와 더불어 이는 몇 가지

---

36) 장성택계 숙청에서 수하 부하들의 외화벌이 부패도 중요한 하나의 이유가 되었지만 후계 정권의 성립 이후 김정은이 별다른 성과를 내놓지 못한 채 2009년의 화폐개혁과 '2012년 강성대국'의 실패 등으로 인한 간부들의 동요나 민심 이반이라는 정치적 위기 국면에서 벗어나기 위해 경제 실정 책임을 전가할 희생양으로 장성택계가 숙청 대상이 되었다는 점도 고려할 필요가 있다. "장성택 숙청의 전말", ≪월간조선≫, 1월호(2014).

37) 이와 관련된 비공식 보도로 "장성택, 중국에 진 54부 빚 3,800만 달러 … 김정은, 39호실에 직접 해결해", 북한전략정보서비스센터, 2014년 6월 9일 자 참조.

38) "당국자, 장성택 처형 1년 "김정은 권력 단기적으로 강화"", ≪통일뉴스≫, 2014년 12월 2일 자; "'포스트 장성택' 없어 … 외화벌이 틀어쥔 軍", ≪서울신문≫, 2014년 12월 13일 자; "북한군 외화벌이 권한 일부 내각으로", 자유아시아방송, 2014년 3월 6일 자. 일부도 무역국들이 수산물 외화벌이 와크를 받고, 국가관광총국이 대중 무역 권한을 승인받고, 또 일부 중앙기관들이 융활유나 석탄 사업권을 확보한 것으로 보도되었다.

39) "북 김정은 고모부 장성택 처형 진짜 이유 알고 보니…", ≪데일리안≫, 2014년 12월 9일 자. 리영호가 숙청된 뒤 위축되었던 군부 무역회사들이 얼마 지나지 않아 해외 활동을 재개한 점도 고려할 필요가 있다. "김정은, '군부 외화벌이 회수' 철회", 자유아시아방송, 2013년 2월 4일 자 참조.

시사해주는 점이 있다. 첫째, 지대 기제는 특수 단위들의 기득 이권을 보장하는 가운데 후계 정권의 권력 기반 강화에 기여하지만, 이로 인해 경제개혁의 추진력이 약화된다는 점이다. 두 차례의 숙청 사건에도 군부나 당 행정부가 관할했던 주요 외화벌이 사업이 대체로 특수 단위들 간에 재분배되고, 실질적인 내각 이관 조치로 이어지지 않았다는 점이 이를 뒷받침한다. 이 조치는 외자 유치가 어려운 조건에서 후계자가 구상하는 '우리식 경제관리방법'(이하 '우리식 경제관리'로 약칭)의 핵심인 인민경제 부문의 '생산 정상화'를 위한 초기 자금 조성 문제의 관건이기도 하다. 그럼에도 이 조치가 적극적으로 집행되지 않는다는 것은 앞에서 지적한 것처럼 후계자가 권력 기반 강화를 위해 인민경제 활성화 방안보다는 특수 단위들의 기득 이권을 우선적으로 중시할 수밖에 없다는 것을 뜻한다.

둘째, 지대 기제는 특수 단위들 간의 상호 견제와 후계자에 대한 충성 경쟁을 유도함으로써 후계 정권의 권력 기반 강화에 기여할 수 있다는 점이다. 선대정권에 비해 권력 기반이 취약한 세습 후계자가 관할하는 다중적 지대 기제 안에서 어떤 한 '분파'나 일부 측근들에 의한 기존 지대 수취 기회의 불균형적 선점은 다른 특수 단위들의 측근들에게는 이는 그들이 정치적으로 도태될 수 있는 위협으로 인식될 수 있다.[40] 왜냐하면 자신이 책임지고 있는 특수 단위의 업무 능력을 발휘하고 혁명자금 상납에 의해 자신의 정치적 입지를 강화할 수 있는 기회의 감소를 뜻하기 때문이다.[41] 따라서

---

40) 장성택 처형 판결문에서는 이 점을 '장성택은 정치적 야망 실현에 필요한 자금을 확보하기 위해 각종 명목으로 돈벌이를 장려'했다고 언급했다.

41) 예컨대 당 행정부가 국가보위부 소속 세관총국이나 인민보안부 8국, 재정경리국 등을 행정부로 직속시킨 조치와 관련해서(실제 이런 조치가 있었는지는 불확실하지만) 해당 단위 책임 간부들의 반발을 보여주는 보도인 "장성택은 왜 숙청됐나?" 자유아시아

특권 집단들 간의 '공생'을 위협하는 지대 수취 지형의 변화에 위기의식을 갖는 그들의 처지에서 후계자의 지대 기제 통제권 강화가 자신들의 기득 이권을 보장할 수 있는 한 방편이 될 수 있다. 이는 특정 '분파'를 견제하고 제거하기 위한 일부 측근들이나 특수 단위들의 암묵적인 연합전선 형성으로 이어진다. 후계자의 입장에서도 특정 단위의 지대 수취 편중에 따른 '경제적 권력'의 강화가 자신의 권력 원천을 잠식하기 때문에 그들의 편을 들게 된다.[42] 두 사건에서 보듯이 핵심 엘리트 내부에서 특수 단위들 간 이권 갈등 형태로 촉발된 분파적 권력 투쟁은 후계자 측근 세력의 '정치적' 세대교체와 더불어 특수 단위들 간에 주요 외화벌이 사업들이 재분할되는 것으로 귀결되었다.[43] 이런 재분할 구도는 후계자 측근들의 상호 견제와 충성 경쟁을 유도해 후계권력의 기반 강화를 꾀하기 위한 특수 단위들의 지대 수취

방송, 2013년 12월 9일 자 참조.

42) 김정은도 이 문제가 중요하다는 것을 잘 알고 있었다고 볼 수 있다. 이와 관련해서 김정일이 사망하기 전인 2010년 말에 장성택계나 과거 당 작전부의 오극렬계로 분류되는 외화벌이 핵심 간부들 다수가 국가보위부에 체포되었고, 이는 김 부자가 이들을 후계 세습의 주된 장애 요인으로 여겼기 때문일 것이라고 파악한 비공식 보도를 참조할 수 있다. "오극렬·장성택 라인 숙청바람 불고 있다", 북한전략센터, 2011년 1월 10일 자 참조. 또 장성택 수하에 의한 국내외 해당화관들의 수입금이나 마식령 스키장 건설비용 조달과 관련된 횡령 추정 사례와 관련해서 정창현, "'장성택 판결문'을 어떻게 읽을 것인가?", ≪통일뉴스≫, 2013년 12월 17일 자; "장 측근 리룡하, 무슨 죄를 지었나?" 자유아시아방송, 2013년 12월 20일 자 참조.

43) 2009~2014년에 전개된 외자 유치와 관련된 복수의 유사한 국가기구들의 설립과 통폐합 과정〔조선국제상회, 조선대풍국제투자그룹, 합영투자위원회(합영투) 병립→합영투로 통합→합영투, 국가경제개발위원회 병립→대외경제성(무역성)에 통합〕도 외자 유치(외화벌이) 주도권을 둘러싼 오극렬계와 장성택계의 대립, 장성택계의 득세와 숙청의 궤적을 보여준다. "좌 성택 vs 우 극렬 … 북한은 '2인자' 파워게임 중", ≪중앙일보 북한네트≫, 2010년 7월 5일; 안드레이 아브라하미안, 「북한 경제개발구의 ABC」, ≪KDI 북한경제리뷰≫, 2월호(2015), 79~80쪽 참조.

기회의 부분적 재조정이라고 할 수 있다.

셋째, 지대 기제에는 후계 정권의 정치적 안정을 위협할 수 있는 잠재적 가능성도 내재해 있다는 점이다. 후계 독재자와 특수 단위들 간의 위계적인 공생적 관계는 지대 기제의 작동을 뒷받침해줄 수 있는 일정한 물적 지형을 전제로 한다. 즉, 지대 기제의 효과 산출은 외화벌이 지대 원천의 확보와 지대 실현을 전제로 한다. 지대 원천이 감소하거나 고갈되거나, 새로운 지대 원천을 개발하지 못하는 경우, 또는 중국의 경제제재 강화나 세계경제의 파동 등으로 인해 외부지대 실현에 타격을 받을 경우에 지대 기제의 작동은 불안정해진다. 지대 수입 감소가 급진적인 체제 변동을 초래하지는 않는다고 해도 특수 단위들에 대한 후계자의 장악력이 약화되거나, 특수 단위들 간 이해 갈등이 커질 가능성이 크다. 이럴 경우 지대 기제는 후계 정권의 정치적 불안정을 야기하는 요인이 될 수 있다.[44]

이런 점들에 비춰볼 때 선대정권의 지대 기제는 김정은이 후계 정권의 권력 기반을 강화하는 데 유용한 정치적 자원으로 작용하고 있기는 하지만, 핵심 엘리트의 기득 이권 보장이나 외부지대 실현과 관련된 잠재적인 불안정 요인도 내포하고 있다고 볼 수 있다.

---

[44] 일당 (또는 지배적 정당) 독재 체제에서 신규 당원 충원과 충성 유도에 의한 정권의 장기적 안정성 문제를 국가 관료제 내에서 '지대 수취가 가능한 직위 승진'이라는 물질적 보상과 상층 간부 교체 사업 원활성의 함수로 파악하는 논의로는 Valery Lazarev, "Economics of One-Party State: Promotion Incentives and Support for the Soviet Regime," *Comparative Economic Studies,* Vol.47, No.2(2005); Milan Svolik, *The Politics of Authoritarian Rule* (Cambridge: Cambridge University Press, 2012), pp.162~178 참조.

3) 후계자의 혁명자금 재분배와 '정치적 투자'

혁명자금 '하사' 형태를 취하는 김정은 정권의 외화 지대 재분배 방식은 선대정권과 기본적으로 유사하다.[45] 혁명자금의 가장 중요한 지출 항목은 군수 부문의 무기개발 자금 지원을 위해 '하사'하는 '배려자금'이다.[46] 그 외 주요 지출 항목은 군수 부문과 연계된 일부 핵심 기업소들의 생산 정상화를 지원하기 위한 '기업소 운영자금',[47] 평양시 10만호 살림집 건설 사업 지원과 같은 '집합적 소비재' 생산 비용, 그리고 엘리트 및 핵심 계층 관리를 위한 '선물정치' 비용[48] 등이다. 이런 유형적 지출 항목에서 보는 것처럼 후계

---

45) 장성택의 행정부가 실질적으로 관할한 54부가 다른 특수 단위들의 일부 외화벌이 사업을 이관해서 통합할 정도로 상당한 힘을 갖고 있었다고 하지만, 외화벌이 단위별 기준으로 액상규모가 가장 큰 제2경제는 물론이고 39호실의 외화벌이 사업에도 관여하지 못했던 것으로 알려졌다. 특수 단위들 외화벌이와는 별개의 계선에 따라 운영되는 39호실 외화벌이 수입은, 그 구체적인 규모는 파악되고 있지 않지만, 혁명자금 조성에서 차지하는 비중은 상당히 크다고 알려졌다. 따라서 혁명자금 지출의 정치적·경제적 효과와 관련해서 특수 단위들의 외화벌이 지대 상납분과 별개로 39호실의 외화 수입을 중요하게 고려할 필요가 있다.

46) "호화 사치에 빠진 '제왕' 김정은", ≪시사저널≫, 1220호(2013.3.6).

47) 그런데 김정은 정권이 성립한 뒤 수년이 되었지만 연합기업소급 생산단위에 대한 김정은의 현지지도는 불과 몇 차례에 불과하고, 김정일처럼 현지지도 때 '기업소 운영자금'으로 혁명자금을 지원하는지 여부는 불분명하다.

48) 김정일에 의해 강성대국 진입 '표정'으로 기획된 평양시 10만 호 살림집 건설 사업은 적지 않은 혁명자금 지원에도 건설자금 부족으로 3만호 정도로 규모를 축소해 마무리된 것으로 알려졌다[탈북자 B 증언(2013년 1월 필자 개별 면접)]; "김정일 추진하던 평양 10만세대 끝내 물거품", ≪NK조선≫, 2013년 11월 20일 자 참조. 이런 사정으로 10만 호 살림집 건설사업을 만수대 지구 건설사업으로 변경한 뒤에 이 지구에 거주하는 핵심 계층 가구들에게 우선적으로 주택을 공급했다. "북 만수대 아파트 건설 '핵심층에 선심용'", 자유아시아방송, 2011년 7월 14일 자; "평양 창전 살림집 '허울 뿐인 준공'", 자유아시아방송, 2012년 6월 22일 자.

자는 군수 부문을 직접 관리하거나 인민경제 핵심 부문에 임시변통적으로 개입해 영향을 미치고, 지배 엘리트에 대한 온정주의적 통치를 위해 혁명자금을 사용한다.

그런데 김정은은 2011년 초 국가보위부와 인민보안부 상급 간부들의 간부사업(인사 조치)을 하면서 혁명자금을 사용해 이들에게 김정일 명의로 고급 외제 승용차를 '선물'했다.[49] 2012년에는 당이 군부 장령(장성)들의 생활을 보장한다는 명목으로 이들에게 외화상점이나 장령 초대소에서 사용할 수 있는 외화(달러) 현금카드를 지급하기도 했다.[50] 또 김정은 정권은 체제 결속을 과시하기 위해 2013년 전승절 기념행사를 대규모로 치렀는데, 여기에도 적지 않은 외화가 지출된 것으로 알려졌다. 마식령 스키장 건설, 평양의 여러 '인민의 유원지' 개건 사업이나 과학자살림집 건설 사업 등에도 혁명자금이 지출되었고, 건설 책임을 맡은 특수 단위들에 의한 외국산 자재와 설비 수입에도 많은 외화가 지출되었다.[51] 이 사례들은 후계 정권의 정치

---

49) "김정일, 당 고위간부들에 승용차 선물", 자유아시아방송, 2010년 7월 29; "김정은, 군보위총국 통해 김정일 군대 접수 중", 북한전략정보서비스센터, 2011년 1월 19일 자; "호화 사치에 빠진 '제왕' 김정은", ≪시사저널≫, 1220호(2013.3.6) 참조. 또 "김정은 하사 '727' 번호판 급증", 자유아시아방송, 2012년 5월 14일 자도 참조. 김정은이 2012년 초에 '방침' 지시로 고급간부들에 대한 선물 하사 관행을 철폐했다는 주장("'나에게 선물(정치)은 없다!', 김정은의 방침지시", 북한전략정보서비스센터, 2012년 3월 19일 자)도 있지만 이를 유의미하게 평가하기는 곤란하다. 김정은이 측근 집단에게 제공할 수 있는 물질적 보상에는 내구성 소비재나 외화 현금만이 아니라 혁명자금 상납과 측근 개인의 물질적 이익을 동시에 보장할 수 있는 경제적 특권을 허용해주는 형태도 있기 때문이다.

50) "북, 군 장성에 미화 현금 카드 지급", 자유아시아방송, 2013년 2월 20일 자; "북 고위층 자녀 현금카드 부의 상징", 자유아시아방송, 2013년 9월 18일 자. 김정일도 가끔 장령들한테 '용돈'으로 수천 달러씩을 주곤 했지만, 군부 내 상급 간부들을 포섭하려는 김정은의 이 조치는 파격적이라고 할 만하다.

적 정당성 확보를 위해 늘어난 혁명자금의 '정치적 지출'이라고 볼 수 있다. 즉, 지도력이 검증이 안 된 '젊은' 세습 후계자에게는 선대정권 때보다 혁명자금 지출의 '정치적 수요'가 더 많다는 것을 알 수 있다.

이런 지출을 포함한 혁명자금의 전체적 지출 증가는 외화벌이 기관들에게 외화 상납액 증가를 압박하는 데에서 나타난다. 실례로 김정은 정권은 부족한 정치 행사 비용을 충당하기 위해 해외 파견 무역 주재원들에게 외화 액상과제를 부과하고, 해외 파견 노동자들에게도 수개월분의 임금을 혁명자금으로 헌납하도록 종용했다.[52] 최근에만 하더라도 국방위원회 지시 형식으로 외화벌이 종사자들에게 헌금 액수별로 '정치적 신임'의 표징이나 특혜의 제공을 내세우면서 선군지원 충성자금 계획을 강제 할당하거나, 무역 주재원들의 액상과제 수행을 압박하고 있는 것으로 알려졌다.[53]

이와 같이 후계자에 의한 혁명자금 지대 수입의 재분배는, 특수 단위들의 지대 수취 분배 기회와 관련된 후계자의 자유재량권과는 다른 맥락에서 정

51) 이 건설공사들 대부분은 부불노동이나 마찬가지인 군부대 병력을 동원해 이루어지고 있지만, 건설자재나 설비 등을 수입하는 데 상당한 규모의 외화를 지출할 수밖에 없다. 마식령 스키장 건설에 군 병력 5000명이 투입되고, 3억 달러가 투자되었다는 비공식 보도로는 "北 소식통, "마식령 스키장에 3억불 투자"", 자유북한방송, 2013년 7월 18일 자 참조. 북한의 공식 매체에서도 평양의 대규모 시설 공사와 관련해서 "나라는 룽라도와 개선청년공원에 최신형 유희기구들 설치하는데 막대한 외화를 썼다"고 보도했다. 평양의 대규모 여가·문화시설들의 건설에 관해서는 "북에서 계속 확장되는 '인민의 유원지'", ≪통일뉴스≫, 2012년 9월 13일 자 참조.

52) "북한 주민들, '전승절' 행사 피곤해", 자유아시아방송, 2013년 7월 31일 자. 노동당 창건 70돌 행사 지원을 위한 '충성의 외화벌이' 명목으로 해외 파견 노동자와 관리자들의 임금을 체불하고 있다는 보도도 나왔다. "북, 해외파견 근로자들 월급 안 줘", 자유아시아방송, 2015년 9월 17일 자.

53) "김정은, 외화헌금 운동 지시", ≪뉴포커스≫, 2013년 5월 13일 자; "북, '혁명자금' 확보 위해 무역기관 재정비", 자유아시아방송, 2015년 6월 1일 자 참조.

치적 정당성 확보를 통한 후계 정권의 권력 기반 강화에 중요하게 작용한다고 볼 수 있다. 따라서 김정은 정권은 혁명자금 지출의 정치적 효과 제고를 뒷받침하기 위한 외화벌이 지대 수입의 증대 압박을 크게 받는다고 볼 수 있다. 그렇지만 위의 사례들에서 보듯이 혁명자금 재분배에서 군수산업 지원이나 전시성 치적 사업 등은 우선적으로 고려되는 데 반해 우리식 경제관리 자금 지원 문제는 주변으로 밀려나 있다는 점도 엿볼 수 있다.[54]

아래에서는 먼저 후계 정권의 권력 기반 강화를 위한 지대 기제의 작동과 관련해서 우리식 경제관리라는 경제개혁 추진이 정책상으로 주변화되는 문제를 좀 더 구체적으로 살펴본다. 그다음에 김정은 정권에서 부각되는 두 가지 국가 외화벌이 전략을 중심으로 세습 후계자의 정권 안보 보강 장치로서 지대 기제의 규정력이나 외부지대 수입 증대의 내생적 압력이 현실적 제약 속에서 어떤 식으로 표출되는지를 검토한다.

4. 우리식 경제관리방법의 주변화와 국가 외화벌이 전략

1) 후계 정권의 지대 기제와 우리식 경제관리 추진의 제한성

김정은은 2012년 4월 우리식 경제관리의 시험적 추진을 발표하면서 생산단위들의 자율적 경영 권한을 확대하고, 그와 더불어 국가가 생산 정상화를 위한 초기 운영자금을 보장할 것이라고 했다.[55] 이는 앞에서 언급한 것

---

54) 이 점은 앞에서 특수 단위들의 지대수취 기득 이권과 관련해서도 지적한 바 있다.
55) 우리식 경제관리에서는 국가가 선차적으로 생산단위에 원자재나 설비를 공급하고, 생산물의 10분의 4를 해당 생산단위가 원자재 비용이나 설비 사용료 등으로 국가에 납

처럼 군부 무역회사 일부를 내각으로 이관해 초기 자금을 마련한다는 구상과 연결된다.[56] 2013년 3월에 제시한 '핵무력·경제건설 병진노선' 해설에서도 외화 재원을 추가 국방비로 투입할 필요가 없기 때문에 이를 우리식 경제관리 지원 자금으로 활용할 수 있다고 주민 대상 교양사업을 전개했다.[57] 또 김정은은 2013년 3월의 전국경공업대회에서도 단천 지구 광산의 외화벌이 수입을 경공업 부문 생산 정상화에 투자할 것이라고도 했다.[58] 이런 공식 언명은 인민경제 부문에 대한 국가의 상당한 외화 자금 지원이 없을 경우 시장경제적 요소의 도입 확대 조치만으로는 우리식 경제관리가 실질적 효과를 내기가 쉽지 않다는 점을 시사해준다. '사회주의기업책임관

부하는 식으로 되어 있다. 이찬우·정창현 외, "대담-변화하는 북녘 경제를 진단한다", ≪민족21≫, 4월호(2013) 참조.

56) 한 비공식 보도에 의하면 이 지시와 관련해서 2012년 5월에 김정은은 "군대가 너무 돈 맛을 들였다. 총과 총알은 당과 국가가 만들어 주겠으니 군대는 싸움만 잘하면 된다"고 비판했다고 한다. "김정은, "군대는 싸움만 잘 하면 되니 돈 맛 이젠 끝"", 북한전략정보서비스센터, 2012년 7월 16일 자 참조. 그런데 특수 단위들 외화벌이의 내각 이관 문제는 김정은 정권 성립 이후 새롭게 제기된 게 아니라 2002년 7.1 경제관리개선조치 때부터 지속적으로 제기되어왔던 문제이다〔탈북자 B 증언(2013년 9월 필자 면접)〕.

57) "북한 개성공단 인력, 중국 가면 돈 더 번다?", ≪시사IN≫, 291호(2013.4.15); "북한 버릇 고치기? 한국의 엉뚱한 전략", ≪시사IN≫, 301호(2013.6.25) 참조. 이런 주장과 관련해서 재래식 무기나 군사비의 감축 근거를 찾기 어렵다는 점이나 핵 개발 관련 추가적 국방비 투입 가능성을 배제하기 어렵다는 지적에 관해서는 김동엽, 「경제·핵무력 병진노선과 북한의 군사 분야 변화」, ≪현대북한연구≫, 제18권 제2호(2015), 105~106쪽; 성채기, 「북한의 '경제-핵 병진노선' 평가: 의도와 지속가능성」, 『동북아안보정세분석』(한국국방연구원, 2013), 한국국방연구원 홈페이지(http://www.kida.re.kr) 참조.

58) "北 10년만에 경공업대회 … 김정은 "경공업에 역량집중"", 연합뉴스, 2013년 3월 19일 자; 정용일, "조선노동당 이론기관지 ≪근로자≫ 논설을 통해 본 북의 경제구상", ≪민족21≫, 4월호(2013), 89쪽 참조.

리제'의 일환으로 기업소에 '무역권'을 부여해서 외화벌이를 허용한 데에서도 이 점을 알 수 있다.[59]

그런데 우리식 경제관리 추진을 위한 초기 자금을 혁명자금이나 특수 단위들의 지대 수취의 '재조정'에 의해 조성한다는 것은 용이한 일이 아니다. 국제사회의 제재 강화로 인한 무기 수출 제약의 가중이나, 설비 관리의 부실이나 세계경제 파동에 따른 채취 자원의 수출 감소 등으로 인한 외화 지대 수입의 감소 문제를 차치하더라도, 위에서 본 것처럼 후계자는 혁명자금 재분배의 정치적 효과 제고를 위해 지대 수취를 강화해야 할 처지에 있다. 마찬가지로 특수 단위들도 개별 단위의 외화벌이를 축소하기 어렵다. 왜냐하면 고유 업무 역량 강화를 위한 재원이나 책임을 떠맡은 국가대상건설사업의 재원을 마련해야 할 뿐만 아니라 혁명자금 상납액도 늘려야 하는 상황에서 오히려 외화벌이 사업의 확대가 절실하기 때문이다.[60] 김정은의 입장

---

59) 한 보도에 의하면 2013년 '3.1 조치'로 기업소에 수출입 권한을 부여한 것으로 되어 있다. "관광개발구, 경제개발구의 '미끼 전술'?" ≪통일뉴스≫, 2015년 1월 19일 자. 이런 권한이 부여된 기업소 급수 하한은 밝혀지지 않았는데, 2002년 '7.1 조치' 이후 2급 기업소 이상에는 무역권이 허용되었다. 그러나 실제로는 연합기업소도 공식 절차에 따라 생산물을 수출하고, 원자재나 설비 등을 수입하려면 소속 중앙 성기관과 무역성(현재 대외경제성)의 승인을 받아야 했다. 또 현실적으로 3급 이하 기업소 대다수는 수출입 권한을 주어도 이를 실무적으로 처리할 수 있는 능력이 거의 없기 때문에 별 의미가 없다. 따라서 이런 조치가 실제 기업소 수준에서 어느 정도 유의미할지는 좀 더 검토가 필요하다. 베트남의 사례에서 알 수 있듯이 '중앙집중적으로 관리되는 명령경제'에서 가장 중요한 경제적 효용 가치를 지닌 외화(달러)의 획득 및 유출과 직결된 무역 권한의 지방분권화에는 상당히 복잡한 정치적·경제적 이해 다툼이 수반되기 때문이다. Melanie Beresford and Dang Phong, *Economic Transition in Vietnam: Trade and Aid in the Demise of a Centrally-Planned Economy* (Northampton, MA: Edward Elgar, 2001), ch.1-2 참조.

60) 2009년 말 화폐개혁 이후에는 국내 식량 위기를 완화하기 위한 임시방편으로 특수 단위 무역회사들이 수출과 연동된 대치물자로 식량이나 비료를 수입해 국내에 공급하는

에서도 후계 정권의 최종적 보루인 사법·보안·정보·군대기구의 물적 토대 강화가 중요하다. 예컨대 '바늘 떨어지는 소리까지 장악'할 수 있을 정도로 주민감시체제 구축 사업의 강화를 지시하면서 국가보위부와 같은 특수 단위들의 외화벌이 사업을 축소하기는 어렵다.[61] 특수 단위들의 지대 수취를 둘러싼 두 차례의 숙청 사건에도 상부 조직 편제상의 변화만 있을 뿐, 이 단위들의 외화벌이 사업이 여전히 지속되거나 확대되는 데에서 이 점은 잘 드러난다.[62]

이렇게 볼 때 후계 정권의 지대 기제의 특성상 외화 지대 수입은 일차적으로 '정권 안보를 위한 생산적 투자'에 투입된다고 할 수 있다. 따라서 주민 생활 안정에 기반을 둔 후계자의 권력 기반 강화를 위해서는 원론적으로 우리식 경제관리와 관련된 외화 자금 지원이 요청되지만 현실적으로 지대 기제의 작동 범위 안에서 이를 기대하기는 쉽지 않다.[63] 아래에서는 김정은

과제 수행도 떠맡고 있다. "北, 중국서 식량 수입 '올인' 〈대북매체〉", 연합뉴스, 2010년 3월 24일 자; "北당국 '외화 사용' 묶인 … 식량수입 늘어", ≪데일리엔케이≫, 2010년 4월 25일 자; "북한당국 식량 밀수 부추켜", 열린북한방송, 2010년 8월 10일 자; "北 무역회사, 식량 수급위해 '강철' 판매 나서", ≪데일리엔케이≫, 2011년 1월 3일 자; "북, '충성자금'까지 식량수입에 사용", 자유아시아방송, 2011년 1월 28일; "北, 무역일꾼 소집해 "비료 수입해 바쳐라" 지시", ≪데일리엔케이≫, 2013년 2월 1일 자 참조.

61) "김정은, '바늘 떨어지는 소리까지 장악하라'", 자유북한방송, 2014년 10월 24일 자. 참조.

62) 예컨대 리영호 해임 사건으로 위축되었던 인민무력부 강성무역회사나 보위사령부 무역회사 등은 얼마 지나지 않아 목재 수출 '와크'를 받아 외화벌이를 재개했다. "北, 군부 산하 무역회사 외화벌이 재개", NK지식인연대, 2013년 1월 1일 자 참조. 또 장성택 처형 뒤에 국내 외화벌이 사업인 평양 해당화관 운영권을 내각이 이관받기를 바랐지만 국가보위부가 가져갔다는 보도인 "북이 자랑하던 '해당화관' 몰락", 자유아시아방송, 2014년 6월 25일 자도 참조. 좀 더 확인이 필요하지만, 최근에 중앙과 지방 국가보위부에 과(課) 단위로 전담 외화벌이기구를 신설했다는 보도("북, 보위부에 외화벌이 기구 설치", 자유아시아방송, 2015년 10월 6일 자)도 참조할 수 있다.

정권에 의한 기존 외화벌이 사업의 확대와 새로운 사업 영역의 개발이 이런 정치경제적 요인들에 의해 규정되는 실태를 살펴본다.

2) 후계 정권의 국가 외화벌이 전략: 지대수취 강화와 시장적 관계 의 억제

위에서 본 것처럼 세습 후계자로서 김정은은 권력 기반 강화를 위해 더 많은 외화 자금을 필요로 한다. 따라서 김정은 정권은 기존 외화벌이 사업을 확대하고 새로운 외화벌이 사업을 개발하는 데 적극적이다. 여기서 중요한 점은 앞에서 검토한 바와 같이 외화벌이 사업이 후계 정권의 권력을 강화하는 데 안정적으로 기여하기 위해서는 지대 수취를 늘리면서도 외화벌이에 수반되는 시장적 관계의 확산을 억제할 수 있는 방식을 강구해야 한다는 것이다. 이런 맥락에서 새롭게 부각되는 주요 사업으로 중국 등 해외 송출노동자 외화벌이 사업을 들 수 있다. 그리고 비중은 크지 않지만 평양 등 대도시의 외화보유 계층을 대상으로 한 '국내' 외화벌이가 있다. 그 외에 우리식 경제관리의 일환으로 소규모로 진행되는 외국인 대상 관광산업과 아직까지 계획 상태인 중앙의 경제특구 사업, 지방의 경제개발구 사업이 있다.64) 이런 외화벌이 사업들의 실태와 산출 효과에 비춰볼 때 김정은 정권

---

63) 이와 같은 국가적 차원의 외화 수급의 정치경제적 맥락을 고려하면 우리식 경제관리에 의한 생산단위들의 '시장 지향적' 기업 활동 허용은 국가가 다른 대안을 마련하기 어려운 사정에서 나온 불가피한 조치라는 면이 있고, 따라서 생산단위들의 '시장 의존적 성장'도 (그것도 일부 공장·기업소에만 해당되겠지만) 이런 맥락에 의해 적지 않게 영향을 받을 것이라고 볼 수 있다. 우리식 경제관리의 '시장화' 확대 효과를 강조하는 글로는 양문수, 「김정은 시대 경제관리 개선조치의 실태와 평가: 2012~2014년」, ≪북한연구학회보≫, 18권 2호(2014), 81~85쪽 참조.

은 '문지기 국가' 역할 강화와 '국가의 상업화'라는 두 가지 국가 외화벌이 전략을 추구한다고 볼 수 있다.[65]

(1) '문지기 국가' 역할 강화 전략

'문지기 국가'는 독재자나 지배 엘리트가 지배 체제에 대한 사회의 위협을 억제하기 위해 세계 경제와 국내 경제의 연결 지점에 대한 경제적·정치적 통제(수출입 관련 인허가, 관세, 합영 자격 규정 등과 같은 외화 획득 경제활동에 대한 정부의 재량권 행사)를 강화함으로써 지대 수취를 늘려 피후견 집단에 분배하는 국가로 정의될 수 있다.[66] 김정은 정권은 외화벌이와 관련해

---

64) 김정은 정권의 관광산업 구상에 관해서는 "북한 동해안·서해안에 관광·경제특구 벨트 조성", ≪월간중앙≫, 6월호(2013); "북 관광당국이 작성한 백두산 국제관광특구 계획", ≪신동아≫, 8월호(2015) 참조. 경제개발구 사업에 대해서는 안드레이 아브라하미안, 「북한 경제개발구의 ABC」 참조.

65) 원래 이 국가 외화벌이 전략들은 국가 주도의 시장경제 전환 국면에서 국가기관들의 재정 압박을 완화하고 국가기구 상층 관료들의 '국가계급적 이익'을 추구하기 위해 고안된 전략이라고 할 수 있다. 역설적이게도 북한에서 후계 정권의 권력 강화를 위해 시장 억압적 지대 기제 작동을 보강하기 위한 외화벌이 부문에 이 전략들이 적용된다는 것은 외화벌이 부문이 국가와 시장 부문이 결착된 혼종형 경제의 특징을 지니고 있기 때문이다.

66) '문지기 국가' 정의는 논자에 따라 약간의 차이가 나는데, Frederick Cooper, "From Colonial State to Gatekeeper State in Africa," The Mario Einaudi Center for International Studies, Working Paper, No.04-05(2005), p.8; Javier Corrales, "The Gatekeeper State: Limited Economic Reforms and Regime Survival in Cuba, 1989-2002," *Latin American Research Review,* Vol.39, No.2(2004) p.36; Martin Gainsborough, "Between Exception and Rule? Ho Chi Minh City's Political Economy Under Reform," *Critical Asian Studies,* Vol.37, No.3(2005), pp.374~375 참조. 일부 논의에서 어렴풋이 시사하는 것처럼(Javier Corrales, 같은 글, pp.49~50; Martin Gainsborough, 같은 글, pp.370~374) '문지기 국가' 개념은 체제전환 국면에서 국유기업과 외국 자본의 합영 등에 의해, 전통적 국가 부문과 구분되는 새로운 혼

서 이런 '문지기 국가'의 역할을 강화하고 있다.[67] 이 전략의 요체는 국가의 사회통제 역량이 한정되어 있는 가운데 김정은 정권이 새롭게 확대되는 외화벌이 전선을 관리하고, 지대 수취의 효율성을 높이기 위해 외화 지대 수입이 발생하는 '지점'들을 통제하는 것이라고 할 수 있다.

이 전략은 해외 송출 노동자 외화벌이 사업에서 잘 드러난다. 중국 동북 3성 지역으로 주로 송출되는 북한 노동자들의 경우 노동력 관리 실태가 상대적으로 잘 알려져 있다고 볼 수 있는데, 이들은 대부분 여성으로 의류, 봉제, 수산물 가공 부문에 집중적으로 고용되어 있다.[68] 송출 기관은 주로 내각 일부 중앙 성기관 회사들로, 이 회사들은 중국 내의 인적 연결망을 통해 송출 사업을 수주해서 중앙당의 비준을 받아 진행하는 것으로 보인다.[69] 송출 노동자들의 현장 노무관리뿐 아니라 중국 회사와의 교섭도 북한 관리자(대체로 국가보위부 소속)가 책임지도록 되어 있다. 노동자 임금도 북한의

종형 국가 부문이 만들어지고, 이를 기반으로 일종의 '국가자본주의'가 성립될 수 있는 체제 이행 전망과 연결될 때 분석적 유용성을 가질 수 있다.

67) 김정은 정권의 지대 기제 원천상품의 수출과 외화 지대 수입은 39호실이나 특수 단위를 비롯한 국가무역회사들이 통제·관리하는 체계로 되어 있다는 점에서 원래 지대 기제 자체도 '문지기 국가' 역할의 일부라고 볼 수 있다.

68) 중국에 파견되는 노동자들 중에는 소규모이지만 상대적으로 고급인력에 해당하는 IT 업종 용역 하청노동자도 포함되어 있다. 투먼의 한 애니메이션 제작업체에 취업한 북한 IT 노동자들의 사례에 대해서는 "북 고급 IT인력 중국파견 확대", 자유아시아방송, 2013년 1월 3일 자 참조.

69) 동북 3성 파견 노동자의 경우, 주요 시급 지방(당·)정 기관들도 자체 외화벌이 차원에서 노동자 송출 사업을 조직하고 있는 것으로 보인다. "북, 해외파견 여성인력 대거 모집", 자유아시아방송, 2012년 7월 26일 자 참조. 김정일 정권 시기에 도급기관도 참여한 노동자 중국 파견사업의 사례로 "北근로자 고용, 北中경협 새로운 모델", 연합뉴스, 2010년 11월 10일 자 참조. 김정은 정권에서 중국에 파견되는 생산직 여성 노동자의 경우에는 불명확하지만, 건설 노동자의 해외 송출은 중앙당 39호실 산하 유관 부서나 군부와 같은 특수 단위 무역회사 등을 통해 대체로 이루어지고 있다.

인력송출회사가 일괄적으로 인계받은 뒤 공제분을 떼고 지급한다. 노동자 임금과 관련해 최근 옌볜 지역의 한 사례를 보면 파견 노동자 월 임금 1400위안(약 230달러) 중 약 28.5%가 국가 송금액, 약 28.5%가 송출회사 몫, 나머지 약 43%가 본인 실수령액으로 되어 있다.[70] 다른 사례를 보면 월 임금 약 250달러 중 '당자금'(혁명자금) 등의 명목으로 100달러를 국가가 가져가고, 50달러는 현지 체류비로 지출되고, 나머지 100달러가 노동자 개인 몫이다.[71]

이 사례들에서 보듯이 김정은 정권은 해외 송출 노동자들의 외화벌이 수입 발생 지점을 효과적으로 통제해, 이들의 외화 수입 일부를 혁명자금으로 수취하거나, 중앙 성기관들이나 일부 특수 단위들 또는 지방정부의 지대 수

---

70) 김승재, "中 자본가 착취에 눈물로 침묵시위", ≪신동아≫, 4월호(2015). 여기서 '국가 송금액'은 충성자금 등의 명목으로 상납되는 혁명자금이라고 볼 수 있다. 이 점을 시사해주는 "北 김정은 '해외파견 근로자' 이례적 칭찬", 연합뉴스, 2013년 5월 2일 자 참조.

71) 공용철, 「김정은 체제 10개월, 북한은 지금?」≪민족화해≫, Vol.59(2012) 참조. 북한의 인력송출회사가 노동자에게 지급하는 실제 임금은 직종에 따라 격차가 나는 것으로 추정된다. 2012년 무렵에 노동자 개인의 실수령액이 월 300~500위안이라는 보도도 있고("中서 北 근로자 인기 … "3D업종 대신 메워나가"", 연합뉴스, 2012년 7월 26일 자), 투먼의 한 플라스틱 제품 제조공장과 랴오닝 성 한 지방 도시 수산물 가공 공장의 북한 여공들의 임금은 각각 월 명목 수령액이 2000위안 미만과 1500위안 정도 된다는 보도도 있다. "중국으로 외화벌이 간 북한 근로자, 대열 맞춰 출근해 묵묵히 작업", 아사히 아시아 안테나(Asahi Asia Antenna), 2013년 1월 24일 자 참조. 참고로 러시아 연해주에 파견된 건설 노동자의 경우 노동자 1인당 '국가 납부금'이 2010년까지는 월 180달러였고, 2011년부터는 월 220달러로 인상되었다. 건설 노동자 개개인의 임금 편차는 상당히 큰 편인데, '대상건설'에 들어가 노동하는지 또는 소수 인원으로 '조(組)'를 편성해서 청부건설 노동을 하는지에 따라 차이가 크다. 한 증언에 따르면 한 사업소 파견 노동자 수백 명을 대상으로 평균적으로 볼 때 1년 평균 순수입이 7000~1만 달러 정도가 5~10%, 1000달러 미만이 30~40%, 나머지 대다수가 1000~2000달러 정도 된다[탈북자 C 증언(2013년 9월 필자 면접)].

입으로 이전시켜줌으로써 기존 지대 기제의 작동을 보강하고 있다.[72) 또 이처럼 노동자 수입 일부가 지대로 수탈됨으로써 노동자의 국내 송금액이 감소하고, 이는 국내 가족이 자영업 등에 투자할 수 있는 '사업 자금'이나 생계용 소비 자금의 축소로 이어진다.[73) 이런 맥락에서 '문지기 국가'는 시장 활성화를 억제하는 데에도 상당히 효과적임을 알 수 있다.

(2) '국가의 상업화' 전략

'국가의 상업화'는 체제전환 국면에서 국가 재정개혁이나 예산 삭감 등으로 자체적으로 재정수입을 벌충해야 하는 당·정·군의 국가기관들이 산하 국유기업을 내세우거나, 국내외 사기업과 합영·합작기업을 설립해서 시장에 직접 참가해 상업적 이윤을 추구하는 것을 뜻한다. 이런 경우 국가는 시장규제자이면서 동시에 비교 우위를 지닌 시장행위자이기 때문에 주요 부

---

72) 일부 중앙 성기관이나 지방 정부기관의 지대 수입 일부가 우리식 경제관리의 초기 자금 지원으로 연결되는지 여부는 확인할 수 없다. 이 기관들의 지대 수취 장치는 아직까지 외자 유치 실적은 거의 없지만, 김정은 정권이 우리식 경제관리의 역점 사업으로 추진하는 국내 경제개발구 사업의 노동법규에서도 엿볼 수 있다. 이 규정에 의하면 개발구 진출 기업은 북한 노동자를 '우선적으로 채용'하도록 되어 있고, 노동자의 월 최저임금은 중앙특구지도기관이 정하는 것으로 되어 있기 때문이다. "북 경제개발구, 중앙특구지도기관이 최저임금 결정", ≪통일뉴스≫, 2013년 8월 26일 자 참조. 이는 노동자 공급은 국가기관이 '알선'하고, 임금은 직접 지급 규정이 있긴 하지만 북한 측 관리기구에 일괄적으로 인계하고 있는 개성공단이나, 노동자 최저임금은 관리위원회와 시인민위원회가 협의 결정하고, 노동자 공급은 시인민위원회가 일괄 관리한다고 규정한 라선경제특구의 경우와 사실상 거의 차이가 없다. 최우진, 「북한 라선경제무역지대법의 최근 동향: 조중협정 이후 개정내용을 중심으로」, ≪법조≫, 12월호(통권 699호, 2014), 167~169쪽 참조.

73) 이런 사례와 관련해서 "북, 해외근로자 임금으로 궁전 보수", 자유아시아방송, 2013년 5월 2일 자; "북, 아프리카 파견 근로자 1년 임금 체불", 자유아시아방송, 2013년 8월 8일 자 참조.

문에서 지배적 위치를 차지할 수 있다.[74] 북한의 경우 이 전략은 주로 특수 단위들이 국내에서 외화 획득을 위해 직접적으로 상업적 시장 활동에 참가하는 국내 외화벌이 사업에서 잘 드러난다. 이 사업들은 외화벌이 실적을 올려야 하는 39호실이나 일부 특수 단위들과 중앙 성급기관들이 새로 '개발'한 외화벌이 원천 시장이라는 점에서 기존의 국가 상업봉사망이나 일반 외화상점 운영과 차이가 난다.

김정은 정권에서 이런 상업봉사망 시설의 운영은 외국인 관광 외화벌이를 염두에 두었을지 모르지만, 일각에서 지적하는 것처럼 현재는 북한 외화경제권에 속한 자산 계층에게 '고급 소비' 기회를 제공해 이들이 축장하고 있는 외화를 국가가 환수하기 위한 국내 외화벌이에 그 목적이 있다. 이는 김정은 정권에서 '단위 기업'들이 고급 아파트를 건설하여 개인들에게 외화로 판매하는 데에서 매우 명확하게 드러난다.[75] 그리고 당 행정부가 54부

---

74) 논자에 따라 약간의 의미 차이가 있는 '국가의 상업화'에 관해서는 Martin Gainsborough, "Between Exception and Rule? Ho Chi Minh City's Political Economy Under Reform," pp.370~371; Corinna-Barbara Francis, "Quasi-Public, Quasi-Private Trends in Emerging Market Economies:The Case of China," *Comparative Politics,* Vol.33, No.3(2001), pp.285~287; James Mulvenon, "Soldiers of Fortune, Soldiers of Misfortune: Commercialization and divestiture of the Chinese Military-Business Complex, 1978-99," in Chienmin Chao and Bruce J. Dickson(eds.), *Remaking the Chinese State: Strategies, Society and Security,* (New York: Routledge, 2001) 참조. 이런 논의와 다르게 러시아의 특권기관 엘리트(siloviki)가 '다양한 방식으로 국가 권력을 이용해서' 사적 행위자들과 결착해 "개인적으로" 경제적 이익을 추구하는 행태를 '국가의 상업화'로 간주하는 Brian D. Taylor, "Russia's Power Ministries: Coercion and Commerce"(Institute for National Securityand Counterterrorism, Syracuse University, 2007, http://insct.syr.edu)와 같은 견해도 있다.

75) "북, 호화아파트 매매로 외화 거둬들여", 자유아시아방송, 2013년 11월 13일 자. 이런 아파트 구매자들에게는 외화 자금 출처를 묻지 않고, 입사증 문제도 쉽게 풀어준 것으로 보도되었다. 고급 아파트를 국가기관이 건설하여 외화로 판매하는 방식은

를 통해 관할했던 '종합인민봉사기지' 해당화관이나 안상택거리의 '해외명품상점', 다른 국가기관들이 운영하는 만수대 지구의 해맞이식당, 인민야외빙상장, 미림승마구락부 등과 같은 평양 시내의 고급 종합여가시설들이나 고급 외화상점에서 외화(달러)로 사용료를 받거나, 수입 '명품'을 판매하는 것이 이에 해당한다.[76] 39호실과 연관이 있을 것으로 추정되는 KKG의 평양 택시운송사업도 여기에 해당한다.[77]

장성택의 행정부가 관할한 54부가 해당화관 수익금의 일부를 '당자금'으로 상납했다는 보도에서 알 수 있는 것처럼[78] 국내 외화벌이 사업의 실제 목적도 지대 기제의 작동 보강을 위한 국가기관들의 혁명자금 상납과 자체 사업비 조달이나 국가적 과제 수행 재원 확보 등에 있다. '국가의 상업화' 전략에 의해 국가기관은 (중국 자본과의 합영·합작에 의해서든 아니면 단독으로든) 독점 수입한 고급 소비재나 고급 위락 시설 서비스를 특권적 집단에 독점적으로 판매해서 외화 지대 수입을 늘릴 수 있다. 이렇게 되면 고급 재화와 서비스의 독점 판매자인 국가기관과 구매자인 외화 자산 계층 사이에 중간상인 같은 사적 시장 행위자들이 끼어들 여지가 상당히 축소될 가능성이 있

'고난의 행군'에 들어간 1990년대 중반에 평양에 처음으로 등장한 것으로 알려졌다. 이와 관련된 한 사례로는 "북한의 당간부 특권층이 사는 고급아파트 생활 내막", 채널A, 2013년 7월 9일 자 참조.

76) "평양시 귀족들의 사치가 이 정도?", 자유아시아방송, 2013년 9월 10일 자; "평양 해당화관은 외화벌이 수단", 자유아시아방송, 2013년 9월 20일 자; "北, 전시성 '대동강 르네상스'에 올인", 연합뉴스, 2012년 12월 6일 자; "북 미림승마장, 입장료 3달러에 1시간 이용료 33달러", ≪통일뉴스≫, 2013년 12월 16일 자. 참조. 내국인들이 국정가격으로 이용할 수 있는 문수물놀이장도 국내 외화벌이 사업을 하고 있다. "문수물놀이장 외화 벌이 적극 나서", 자유아시아방송, 2013년 12월 19일 자.

77) "North Korea: The secrets of Office 39" 참조.

78) "북 외화벌이 '해당화관' 장성택 관장", 자유아시아방송, 2013년 7월 25일 자.

다. 위의 '문지기 국가' 역할과 좀 다른 각도에서 시장적 관계의 확산이 저지될 수 있다. 아직까지는 유치한 상태를 벗어나지 못하고 있지만, 외국인 대상 관광산업 육성 정책도 이런 국내 외화벌이 사업과 유사하게 시장적 관계의 확산을 억제하는 효과를 산출할 가능성이 크다.[79]

3) 국가 외화벌이 전략의 잠재적 위협

김정은 정권의 두 가지 국가외화벌이 전략은 지대 수취를 늘리면서 시장적 관계의 확산을 억제하는 데 효과적이라는 점에서 정권 안보에 기여하고 있다고 볼 수 있다. 그런데 이 전략은 장기적으로 후계 정권의 권력 기반을 침식할 수도 있는 잠재적인 정치적 위협을 만들어낼 수 있다.

'문지기 국가' 역할 강화 전략과 관련해서 볼 때 대규모 송출 노동자 외화

---

79) 일반적으로 체제전환이나 '경제 자유화' 국면에서 '부문적 시장경제개혁' 전략에 기초한 관광산업 육성은 국가가 전반적인 구조개혁을 회피하면서 재정 적자를 줄일 수 있는 유용한 외부지대 수취원을 '개발'하는 것이라고 볼 수 있다. Thomas Richter and Christian Steiner, "Politics, Economics and Tourism Development in Egypt: insights into the sectoral transformations of a neo-patrimonial rentier state," *Third World Quarterly*, Vol.29, Iss.5(2008) 참조. 외화벌이 사업으로서 관광산업의 중요성을 북한보다 훨씬 앞서 인식한 쿠바도 관광산업이 시장 기제에 의존해 제한적인 후방연계 효과와 무역수지 개선 효과를 산출하기는 하지만 자생적인 노동시장 형성 같은 체제 내적 변화 추동력을 만들어내지는 못한다는 점에서 한계가 있다. Camilla Jensen, "Socialism, Spillovers and Markets in Cuba," *Post-Communist Economies*, Vol.15, No.3(2003) 참조. 즉, 쿠바의 관광산업을 보면 비시장적 국가 부문과 자본주의적 시장 기제가 타협적으로 공존할 수 있는 경제 영역으로, 외국 자본 참여에 따라 관광산업 일부분이 외국 자본에 의해 지배되기는 하지만 주요 부분들에 대한 국가 통제가 가능하다고 볼 수 있다. Victoria Carty, "Capitalist Measures within a Socialist Model: A Commodity Chains Analysis of the Emerging Cuban Tourism Industry," *Canadian Journal of Latin American & Caribbean Studies*, Vol.34, No.67(2009) 참조.

벌이 사업은 국가적으로 유휴 노동력의 관리 부담을 경감시키고, 송출 노동자 가족의 수입 증가를 가져온다는 점에서 정권의 정치적 안정을 도모하는데 일정하게 기여하는 면이 있다.[80] 또 이 사업은 송출 노동자 가족에 대한 '정치적 심사'를 거쳐 대상자를 선발하기 때문에 잠재적인 지원자 가족들이 정치적 통제 규율에 '의식적으로' 순응하게 되는 사회적 효과를 산출한다고도 볼 수 있다.[81] 그럼에도 김정은 정권은 해외 노동 현장에서 송출 노동자들이 외부 세계와 격리된 채 생활하도록 강제할 뿐만 아니라 이들을 감시할 국가보위부 요원과 '정보원'(밀고자)들을 증원하는 것으로 알려졌다.[82] 이는

---

80) 수년 전부터 평양에서는 노동 강도에 비해 수입이 낮다고 간주되는 러시아 파견 벌목공 지원자를 구하기 어려운 실정이라는 지적도 있지만〔탈북자 A 증언(2015년 2월 필자 면접)〕, 가족 생계를 유지할 수 있는 송출 대상 노동자로 선발되는 것은 일반 주민들 사이에서 '특혜'로 여겨지고 있다. "北, 중국으로 인력수출 모집", 열린북한방송, 2013년 5월 15일 자; "해외 파견 북한 근로자 신체검사 위조", 자유아시아방송, 2013년 7월 5일 자; "북, 해외 파견 주민 식량난 근심 적어", 자유아시아방송, 2012년 9월 7일 자 참조.

81) 간부 부패를 매개로 한 송출 관련 부정 선발이 적지 않은 것으로 보이지만, 이 사업은 주민의 정치적 통제에 상당히 유효한 장치라고 볼 수 있다. 이와 유사한 정치적 효과를 지적하는 쿠바 관련 논의도 참조할 수 있다. 쿠바에서 달러 경제권의 한정된 일자리를 얻기 위한 취업 경쟁이 치열한 가운데 국가가 체제 지지 세력과 연계된 사적 연결망에 의존해서 충성심이 검증된 사람들을 합영기업 등에 우선적으로 선별 고용하는 방식을 사용함으로써 주민들에 대한 정치적 통제를 강화할 수 있다는 점을 지적하는 Enrique S. Pumar, "Labor Effects of Adjustment Policies in Cuba," *Cuba in Transition*, Vol.6(1996), p.109; Javier Corrales, 같은 글, p.50 참조. 또 해외 파견 노동자들의 국내 가족 송금 일부가 외부지대로서 독재정권에 의해 후견 관계망 유지를 위한 재원으로 활용됨으로써 독재정권의 생존 가능성을 높여준다는 지적에 관해서는 Faisal Z. Ahmed, "The Perils of Unearned Foreign Income: Aid, Remittances, and Government Survival" *The American Political Science Review*, Vol.106, No.1(2012) 참조.

82) "외화난 北, 노동력 수출에 사활…'中에 5만명 추가 송출'", ≪데일리엔케이≫, 2015

'문지기 국가' 역할 강화 전략이 후계 정권의 공고화에 긍정적 효과를 산출하기도 하지만, 이 전략에 수반되는 해외 체류 노동자들의 증가와 그에 따른 이질적인 문화적 체험의 확산으로 인해 체제 유지에 불리한 잠재적 위협이 생성되고 있다는 것을 보여준다.[83]

'국가의 상업화' 전략에 따른 국내 외화벌이 사업 활성화가 김정은 정권에 가할 수 있는 잠재적인 정치적 위협은 송출 노동자들의 '문화적 오염'에 따른 잠재적 위협보다도 더 심각한 것이라고 볼 수 있다. 이는 장성택계에 의한 54부 외화벌이 지대 수입의 '횡령' 사례가 함축하는 의미를 살펴보면 알 수 있다. 우선 이들이 횡령한 외화 자금은 혁명자금이나 특수 단위의 자체 사업비, 국가적 과제 수행 재원으로 귀속되어야 할 자금이라는 점에서 지대 기제에 의존하는 후계자 권력의 물적 기반을 침해했다고 볼 수 있다. 더 중요하게는 특정 '종파'에 의한 외화 지대 수입 빼돌리기, 즉 외화벌이 자금의 '불법' 축적이 후계 정권에 위협이 될 수 있는 '분파적' 세력 형성을 위한 정치적 자원의 축적 시도로 간주될 수 있다는 점을 보여줬다.[84]

년 6월 25일 자 참조.

83) 실례로 2000년대 후반에 어떤 중앙 성기관은 중국에 노동자 100명 이상을 파견하기 위해 사전에 선발대를 파견하여 공장 내부 후생시설까지 녹화 촬영하고 작업 환경을 '요해'해서 중앙당 유관 부서에 보고해 비준을 받아야 했다. 이때 보고 사항 중에 가장 중요한 것은 파견 노동자들이 작업하는 공장에서 500미터 이내에 모든 후생시설이 구비되어 있어야 하고, 월 1회 휴일에 중국 측이 노동자들의 '집단적' 외출을 책임지고 보장할 수 있는지의 여부였다〔탈북자 B 증언(2012년 11월 필자 면접)〕.

84) 장성택 처형 판결문에서 장성택계가 54부를 통해 장악한 외화벌이 지대 수입을 '농단' 해서 이를 토대로 군부를 포함한 국가기관 내에 동조 세력을 규합해서 '정변'을 일으킨 다음에 "외부 세계에 '개혁가'로 인식된 제놈의 추악한 몰골을 리용하여 짧은 기간에 '신정권'이 외국의 '인정'을 받을 수 있을 것"이라고 오판했다고 '부풀려서' 비난하는 대목에서도 이 비난의 사실 여부와 관계없이 이 점을 엿볼 수 있다.

그런데 장성택 수하가 해외 해당화관 영업을 통해 조성한 혁명자금을 횡령한 데에서 보듯이, 이런 유형의 정치적 위협은 국내 외화벌이 사업에만 한정된 것은 아니다. 이런 위협은 기존의 원천 수출 외화벌이 사업이나 '문지기 국가' 역할과 관련된 '국외' 외화벌이 사업 모두에 잠재해 있다. 당 조직지도부와 보위부 등이 주도한 것으로 알려진 장성택계 숙청에서 보듯이 이런 잠재적 위협의 '돌출'은 특수 단위들이나 후계자 측근 세력들 사이의 상호 견제에 의해 제거되거나 억제되고 있다. 따라서 이런 상호 견제가 약화될 경우 김정은의 후계권력 강화 작업도 타격을 받을 수 있다. 또 이런 상호 견제가 유지되는 경우에도 지대 기제 작동에 정치적 긴장을 유발하는 요인이 발생할 수 있다.[85] 이런 가능성은 자신의 역량 부족이나 외적 요인 등

---

85) 이는 후계자의 측근이나 그 가족들에 의한 국가무역회사 운영이 외화자산의 '사적 축적'으로 연결되는 경향과 관계된다. 예컨대 국가보위부장 김원홍 아들의 외화벌이 횡령 혐의 수사로 표출된, 김원홍과 인민군 총정치국장 황병서와의 갈등설에서 이를 엿볼 수 있다. "김원홍, 제2의 장성택 되나?", 《뉴포커스》, 2014.9.2; "산케이 '북한 황병서-김원홍 치열한 권력투쟁'", 연합뉴스, 2015.7.19. 참조. 김정일 측근들의 '사적 축적'과 관련해서는 다음 증언을 참조할 수 있다. 당기관 해외 외화벌이사업에서 중간 간부로 지낸 한 탈북자는 현지 외화벌이 기업소의 수입이 100이라면 70은 위로 올라가고 30은 중간에서 간부들이 착복하는 식이라고 증언했다. 이렇게 중간에 유실된 지대 수입은 독재자 측근들의 은폐된 개인재산 축적으로 전화된다고 볼 수 있다. 예컨대 '평양의 창광거리는 조명록 일가 것, 서성구역의 어디에서 어디까지는 김영춘 일가 것, 오진우 일가 것, 오극렬 일가 것'이라는 식으로 알만한 사람은 다 알고 있다고 말했다. 탈북자 A증언, 2015년 2월 필자 면접. 최봉대, 「북한의 국가역량과 시장 활성화의 체제이행론적 의미」, 191쪽; "북 외화벌이 권한 '군부가 싹쓸이'", 자유아시아방송, 2011.5.19; "외화벌이 기관은 北 부정부패 축소판", 《데일리엔케이》, 2009.9.30도 참조. 후계정권의 경우와 달리 김정일 정권에서 측근들의 개인재산 축적이 독재자에게 큰 위협으로 제기되지 않은 이유는 강력한 사인지배체제의 구축에서 찾을 수 있다. 측근들의 부패를 감시하면서 용인함으로써 그들이 불복종할 경우 '수뢰' 범죄로 처벌하는 식으로 충성을 유도한 우크라이나 독재자의 통치기술의 정치적 효과도 이와 유사한 맥락에서 이해할 수 있다. Keith Darden, "The Integrity of Corrupt States: Graft

으로 인해 후계자가 지대 기제를 제대로 관리할 수 없게 되는 상황에서 가시화될 수도 있다. 따라서 이런 잠재적인 정치적 위협은 김정은 정권처럼 후계자의 권력 기반 강화를 위해 특권적 국가기관들이나 측근 집단에 의한 지대 수취가 비공식적으로 허용되어 있는 (유사 사인) 독재 체제에서 불가피하게 생성될 수밖에 없는 것이라고 볼 수 있다.

5. 맺음말

이 글은 김정은 정권의 지대 기제 작동 방식과 국가 외화벌이 전략의 분석을 통해 세습 후계 정권의 권력 기반 강화와 우리식 경제관리의 추진과 관련해서 북·중 경협이 지니는 의미를 규명하고자 했다. 이는 중국이나 국제사회의 대북 경제적 관여가 북한의 경제개혁이나 체제전환에 줄 수 있는 시사점을 파악하는 데 필요한 선행 작업이기 때문이다.

김정은 정권은 예기치 않은 선대 독재자의 사망으로 인해 성립한 세습 후계 정권이라는 점에서 후계자가 당면한 최대 과제는 자신의 권력 기반을 강화하는 문제라고 할 수 있다. 그러므로 김정은 정권의 북·중 경협 목표는 후계권력 강화를 위한 기존 지대 기제의 작동을 최대한 보장하기 위해 필요한 외화벌이 지대 수입을 확보하는 데 있다. 후계 정권에서 지대 기제의 원활한 작동은 기존 지배 엘리트의 정치경제적 기득 이권을 보장해 줌으로써 세습 후계자에 대한 이들의 정치적 지지를 확보할 수 있게 해주기 때문이

---

as an Informal State Institution," Politics & Society, Vol.36, No.1(2008), pp.41~49 참조.

다. 그런데 여느 독재정권이나 지대 수취국가론에서 상정하는 지대 수취 기제와 좀 다르게 북한 정권의 지대 기제는 특수 단위들에 대한 독재자의 지대 수취 기회의 할당·조정과 관련된 자유재량권, 독재자 직속의 지대 수취 기구 운용, 특수 단위들에 의한 혁명자금 명목의 지대 일부 상납, 그리고 독재자의 혁명자금 재분배 권한 보유 등이 비공식적으로 제도화되어 있다. 지대 기제의 이런 다중적 구성으로 인해 특수 단위들이나 측근들 사이에는 상호 견제하거나 상호 충성 경쟁하는 관계가 유지된다. 후계자인 김정은은 이런 제도화된 장치를 활용하면서, 핵심 엘리트 내부의 분파적 권력 투쟁 과정에서 이들 중 일부를 교체하는 '정치적 세대교체'에 의해 자신의 측근 세력을 구축하면서 권력 기반의 강화를 꾀한다고 볼 수 있다.

김정은은 선대 독재자에 비해 취약한 권력 기반을 강화하기 위해 특수 단위들에 대한 지원을 늘리고, 혁명자금의 '정치적 수요' 증가에 따른 지출을 확대해야 하는 처지에 있다. 또 기층 지지 기반을 구축하고 주민 정당성을 확보하기 위해 내각 주도의 '우리식 경제관리방법' 추진에 필요한 초기 지원 자금도 확보해야 하는 처지에 있다. 그런데 김정은은 내각보다는 특수 단위들 위주로 지대 수취 기회를 할당하여 당·군·사법보안기구들의 역량 강화에 기반을 둔 '정권 안보'를 우선적으로 중시하고 있다. 따라서 우리식 경제관리는 국가 차원의 재정적 지원 동력을 확보하기 쉽지 않다는 점에서 제한성을 지닐 수밖에 없다. 이는 부족한 외화 지대 수입을 늘리기 위해 외화벌이 사업의 다각화를 모색하는 가운데 김정은 정권이 역점을 두어 전개하고 있는 '문지기 국가' 역할 강화 전략에 기반을 둔 노동자 송출 외화벌이 사업이나, '국가의 상업화' 전략과 연계된 '국내' 외화벌이 사업에서도 드러난다.

이런 점들에 비춰볼 때 북·중 경협은 세습 후계 정권이 취약한 권력 기반을 강화해 정치적 안정을 꾀하는 데 매우 중요한 외화 획득 기회를 제공한다. 또 북·중 경협은 중국산 물자 공급을 통해 인민경제 부문의 시장 활성화를 촉진시키는 작용을 하기도 하지만, 이와 더불어 간접적으로는 시장 억압적인 지대 기제의 원활한 작동을 지원하는 효과를 산출한다는 점에서 북한 내 시장적 관계의 확산을 억제하는 데에도 도움을 주고 있다. 그렇지만 북·중 경협의 주축을 구성하는 '문지기 국가' 역할 강화 전략이나 '국가의 상업화' 전략은 외부지대 실현과 관련된 국내외 물적 지형의 변화에 의해 제약된다. 또 이 국가 외화벌이 전략들은 해외 송출 노동자의 사회정치의식 변화나 후계자 측근들의 지대 수입 빼돌리기에 기반을 둔 '분파' 형성과 같은 후계 정권에 잠재적인 위협이 되는 정치적 요인들의 생성을 유도하는 효과도 산출한다. 따라서 중국이나 국제사회의 경제적 관여나 제재가 북한의 경제개혁이나 그와 연계된 체제전환 방식이나 경로를 유도하는 데 영향을 미치기 위해서는 외화벌이 지대 수취를 매개로 한 후계자와 특수 단위들 사이의 다중적 관계를 규정해주는 지대 기제의 작동이 만들어내는 북한 내부의 복합적인 정치경제적 동학에 대한 예비적 검토가 중요하다는 것을 알 수 있다.

참고문헌

1. 국내 자료

1) 단행본

털럭, 고든(Gordon Tullock). 2011. 『전제정치(Autocracy)』. 황수연 외 옮김. 부산: 경성대
학교출판부.

2) 논문

김동엽. 2015. 「경제·핵무력 병진노선과 북한의 군사 분야 변화」. ≪현대북한연구≫, 제18권
제2호.

공용철. 2012. 「김정은 체제 10개월, 북한은 지금?」. ≪민족화해≫, Vol. 59.

박형중 외. 2014. 「수령독재 하에서 권력과 이권을 둘러싼 갈등 동학 그리고 장성택 숙청」.
≪북한연구학회보≫, 18권 1호.

성채기. 2013. 「북한의 '경제-핵 병진노선' 평가: 의도와 지속가능성」. 『동북아 안보정세분
석』, 한국국방연구원.

아브라하미안, 안드레이(Andray Abrahamian). 2015. 「북한 경제개발구의 ABC」. ≪KDI 북
한경제리뷰≫, 2월호.

양문수. 2014. 「김정은 시대 경제관리 개선조치의 실태와 평가: 2012~2014년」. ≪북한연구
학회보≫, 18권 2호.

최봉대. 2015. 「북한 청년층과 정치적 세대 구성 문제」. 『북한 청년들은 "새 세대"인가?』. 경
남대학교 출판부.

_____. 2014. 「북한의 국가역량과 시장 활성화의 체제이행론적 의미」. ≪통일문제연구≫,
제26권 1호.

_____. 2014. 「미얀마 군부정권의 월경 경제협력과 체제전환의 동학. 『사회주의 정치·경제
체제전환과 글로벌 거버넌스』. 파주: 한울.

_____. 2011. 「북한의 지역경제협력 접근방식의 특징: 신가산제적 사인독재정권의 '혁명자
금 관리제도'와 대외경제협력의 제약」. ≪현대북한연구≫, 14권 1호.

_____. 2010. 「동북아 지역경제협력과 대북 경제적 관여정책의 효과」. 『동북아 질서 재편
과 북한의 정치경제적 변화』. 서울: 한울.

_____. 2009. 「북한 체제전환과 국제금융기구의 기술원조 방안: 중국·베트남 사례에 비춰
    본 수용방식과 효과문제를 중심으로」. ≪현대북한연구≫, 12권 2호.
최우진. 2014. 「북한 라선경제무역지대법의 최근 동향: 조중협정 이후 개정내용을 중심으
    로」. ≪법조≫, 12월호(통권 699호).
현성일. 2006. 「북한의 국가전략과 간부정책의 변화에 관한 연구」. 경남대학교 박사학위논문.

3) 기타 자료
이찬우·정창현 외. 2013. "대담-변화하는 북녘 경제를 진단한다". ≪민족21≫, 4월호.
정용일. 2013. "조선노동당 이론기관지 ≪근로자≫ 논설을 통해 본 북의 경제구상". ≪민족
    21≫, 4월호.

NK지식인연대: http://www.nkis.kr
≪NK조선≫: https://nk.chosun.com
≪뉴포커스≫: http://www.newfocus.co.kr
≪데일리안≫: https://www.dailian.co.kr
≪데일리엔케이≫: http://www.dailynk.com
≪민족화해≫: https://www.kcrc.or.kr
≪서울신문≫: http://www.seoul.co.kr
≪시사IN≫: http://www.sisainlive.com
≪시사저널≫: http://www.sisapress.com
≪신동아≫: https://shindonga.donga.com
≪아시아프레스≫: https://www.asiapress.org
≪월간조선≫: https://monthly.chosun.com
≪월간중앙≫: https://jmagazine.joins.com/monthly
≪중앙일보 북한네트≫: http://nk.joins.com
≪중앙일보≫: https://www.joongang.co.kr
≪통일뉴스≫: http://www.tongilnews.com
북한전략센터: http://www.nksc.co.kr
북한전략정보서비스센터: http://www.nksis.com
아사히 아시아 안테나: http://asahikorean.com

연합뉴스: http://www.yonhapnews.co.kr
열린북한방송: http://www.nkradio.org
열린북한통신: http://www.nkradio.org (2015년 현재 사용 중지상태)
자유북한방송: http://www.fnkradio.com
자유아시아방송: http://www.rfa.org
채널A: https://www.ichannela.com

탈북자 A 증언(2015년 2월 필자 면접).
탈북자 B 증언(2012년 11월, 2013년 1월, 2013년 9월 필자 면접).
탈북자 C 증언(2013년 9월 필자 면접).

2. 국외 자료

1) 단행본

Beresford, Melanie and Dang Phong. 2001. *Economic Transition in Vietnam: Trade and Aid in the Demise of a Centrally-Planned Economy*. Northampton, MA: Edward Elgar.

Bialer, Seweryn. 1980. *Stalin's Successors: Leadership, Stability and Change in the Soviet Union*. Cambridge: Cambridge University Press.

Owen, Roger. 2012. *The Rise and Fall of Arab Presidents for Life*. Cambridge, Mass.: Harvard University Press.

Svolik, Milan. 2012. *The Politics of Authoritarian Rule*. Cambridge: Cambridge University Press.

Udehn, Lars. 1996. *The Limits of Public Choice: A Sociological Critique of the Economic Theory of Politics*. New York: Routledge.

2) 논문

Ahmed, Faisal Z. 2012. "The Perils of Unearned Foreign Income: Aid, Remittances, and Government Survival." *The American Political Science Review*, Vol.106, No.1.

Anderson, Gary M and Peter J. Boettke. 1997. "Soviet venality: A rent-seeking model of the communist state." *Public Choice,* Vol.93, Iss.1.

Anderson, Gary M. and Boettke, Peter J.. 1993. "Perestroika and Public Choice: The Economics of Autocratic Succession in a Rent-Seeking Society." *Public Choice,* Vol.75, Iss.2.

Apolte, Thomas. 2015. "Gordon Tullock's theory of dictatorship and revolution." [Diskussionspapier, Centrum fur Interdisziplinare Wirtschaftsforschung, No.2 (2015)].

Armstrong, Charles K. 2009. "North Korea's South Korea Policy: Tactical Change, Strategic Consistency." in Kim Sung Chull and David C. Kang(eds.). *Engagement with North Korea: A Viable Alternative.* Albany : State University of New York Press.

Bader, Julia et al. 2010. "Would autocracies promote autocracy? A political economy perspective on regime-type export in regional neighbourhoods." *Contemporary Politics,* Vol.16, Iss.1.

Barnes, Andrew. 2012. "From the Politics of Economic Reform to the Functioning of Political Economies." *Demokratizatsiya,* Vol.20, No.2.

Belova, Eugienia and Paul Gregory. 2002. "Dictator, Loyal, and Opportunistic Agents: The Soviet Archives on Creating the Soviet Economic System." *Public Choice,* Vol.113, Iss.3-4.

Boettke, Peter J. and Peter T. Leeson. 2004. "Public Choice and Socialism." *The Encyclopedia of Public Choice.* Vol.2. New York : Kluwer Academic Publishers.

Boone, Catherine. 1990. "The Making of Rentier Class: Wealth Accumulation and Political Control in Senegal." *Journal of Development Studies,* Vol.26, Iss.3.

Brownlee, Jason. 2007. "Hereditary Succession in Modern Autocracies." *World Politics,* Vol.59, No.4.

_____. 2007. "A New Generation of Autocracy in Egypt." *The Brown Journal of World Affairs,* Vol.14, No.1.

Bye, Vegard. 2014. "Political Implications of Recent Economic Reform Trends in Cuba: The 2014 Status." *Cuba in Transition,* Vol.24.

Carapico, Sheila. 2002. "Successions, transitions, coups and revolutions." *Middle East Policy,* Vol.9, No.3.

Carty, Victoria. 2009. "Capitalist Measures within a Socialist Model: A Commodity Chains Analysis of the Emerging Cuban Tourism Industry." *Canadian Journal of Latin American & Caribbean Studies,* Vol.34, No.67.

Cooper, Frederick. 2005. "From Colonial State to Gatekeeper State in Africa." The Mario Einaudi Center for International Studies, Working Paper, No.04-05.

Corrales, Javier. 2004. "The Gatekeeper State: Limited Economic Reforms and Regime Survival in Cuba, 1989-2002." *Latin American Research Review,* Vol.39, No.2.

Darden, Keith. 2008. "The Integrity of Corrupt States: Graft as an Informal State Institution." *Politics & Society,* Vol.36, No.1.

Dowding, Keith and Andrew Hindmoor. 1997. "The usual suspects: Rational choice, socialism and political theory." *New Political Economy,* Vol.2, No.3.

Ellman, Michael. 2008. "The political economy of Stalinism in the light of the archival revolution." *Journal of Institutional Economics,* Vol.4, No.1.

Francis, Corinna-Barbara. 2001. "Quasi-Public, Quasi-Private Trends in Emerging Market Economies: The Case of China." *Comparative Politics,* Vol.33, No.3.

Gainsborough, Martin. 2005. "Between Exception and Rule? Ho Chi Minh City's Political Economy Under Reform." *Critical Asian Studies,* Volume 37, Number 3.

Haggard, Stephan and Marcus Noland. 2012. "Networks, Trust, and Trade: The Microeconomics of China-Norch Korea Integration." Peterson Institute for International Economics, Working Paper, 12-8.

Hellman, Joel S.. 1998. "Winners Take All: the Politics of Partial Reform in Postcommunist Transitions." *World Politics,* Vol.50, No.2.

Jensen, Camilla. 2003. "Socialism, Spillovers and Markets in Cuba." *Post-Communist Economies,* Vol.15, No.3.

Korbonski, Andrzej. 1989. "The Politics of Economic Reforms in Eastern Europe: The Last Thirty Years." *Soviet Studies,* Vol.41, No.1.

Kurrild-Klitgaard, Peter. 2004. "Autocratic Succession." *The Encyclopedia of PublicChoice,* Vol.2. New York: Kluwer Academic Publishers.

_____. 2000. "The Constitutional Economics of Autocratic Succession." *Public Choice,* Vol.103, Iss.1-2.

Lazarev, Valery. 2005. "Economics of One-Party State: Promotion Incentives and Support for the Soviet Regime." *Comparative Economic Studies*, Vol.47, No.2.

Leogrande, William M.. 2015. "Cuba's Perilous Political Transition to the Post-Castro Era." *Journal of Latin American Studies*, Vol.47, Iss.2.

March-Poquet, Jose M.. 2000. "What Type of Transition is Cuba Undergoing?" *Post-Communist Economies*, Vol.12, No.1.

Mulvenon, James. 2001. "Soldiers of Fortune, Soldiers of Misfortune: Commercialization and divestiture of the Chinese Military-Business Complex, 1978-99." in Chienmin Chao and Bruce J. Dickson(eds.). *Remaking the Chinese State: Strategies, Society and Security*. New York: Routledge.

Pumar, Enrique S. 1996. "Labor Effects of Adjustment Policies in Cuba." *Cuba in Transition*, Vol.6.

Reilly, James. 2014. "China's Market Influence in North Korea." *Asian Survey*, Vol.54, No.5.

Richter, Thomas and Christian Steiner. 2008. "Politics, Economics and Tourism Development in Egypt: insights into the sectoral transformations of a neo-patrimonial rentier state." *Third World Quarterly*, Vol.29, Iss.5.

Sanguinetty, Jorge A. 2014. "Comments on 'A Different Perspective on Cuba's 'Structural' Reforms' by Roger R. Betancourt." *Cuba in Transition*, Vol.24.

Smith, Hazel. 2005. "How South Korean Means Support North Korean Ends: Crossed Purposes in Inter-Korean Economic Cooperation." *International Journal of Korean Unification Studies*, Vol.14, No.2.

Taylor, Brian D. 2007. "Russia's Power Ministries: Coercion and Commerce"(Institute for National Security and Counterterrorism, Syracuse University, http://insct.syr.edu).

Tolstrup, Jakob. 2013. "When can external actors influence democratization? Leverage, linkages, and gatekeeper elites." *Democratization*, Volume 20, Iss.4.

Tompson, W. J.. 1993. "Khrushchev and Gorbachev as Reformers: A Comparison." *British Journal of Political Science*, Vol.23, No.1.

Von Soest, Christian. 2015. "Democracy prevention: The international collaboration of authoritarian regimes." *European Journal of Political Research*(doi: 10.1111/ 1475-

6765.12100.

Yalman, Galip L.. 2007. "Economic theories of state or 'economics imperialism': Rent-seeking analysis as an exemplar." METU Studies in Development, Vol.34, No.2.

Yom, Sean L.. 2009. "Jordan: Ten More Years of Autocracy." *Journal of Democracy*, Vol.20, Iss. 4.

3) 기타 자료

Financial Times. 2015.6.24. "North Korea: The secrets of Office 39." http://www.ft.com/cms/s/0/4164dfe6-09d5-11e5-b6bd-00144feabdc0.html#axzz3mWTXRA8F

"Further Insights On PRC-DPRK Trade: Decisions, Disputes, And Back-Door Deals"(미국의 선양 총영사관의 북한정세 보고 전문). 2010.1.11. http://wikileaks.org/cable/2010/01/10SHENYANG5.html

제4장

지구시민사회의 북한에 대한 인도적 지원과
북한의 정치경제적 거버넌스의 변화

구갑우·최완규

1. 문제 설정

일국적 경계를 넘어서는 지구시민사회(global civil society)란 개념은 정치적 선호와 이해관계에 따라 다르게 사용되곤 한다. 신자유주의적 지구화를 선호하는 정치사회 세력에게 지구시민사회는 자유화, 민영화, 탈규제, 자본과 재화의 이동 등에 대한 정치적·사회적 대응물로 간주된다. 반면 사회운동 세력은 정치적 공간의 통제권을 복구하기 위해 지구적 기구에 영향을 미치고 압력을 가하기 위해 지구시민사회란 개념을 사용한다. 시민사회 개념이 국가와 시장을 넘어서는 제3의 길이란 의미를 담고 있는 것처럼, 지구시민사회도 현실에 기반을 둔 규범적 지향을 담을 수밖에 없다. 이 글에서는, 지구시민사회가 "가족, 국가, 시장 사이에 존재하고 일국적 사회와 정치체와 경제를 초월해서 작동하는 아이디어, 가치, 기구, 조직, 네트워크, 개인들의 영역"이란 서술적 정의와 더불어 "아래로부터의 지구화"라는 규범적

의미를 담지(擔持)한 개념으로 지구시민사회란 용어를 사용한다.[1]

인도적 지원(humanitarian assistance)도 지구시민사회만큼이나 논쟁적 개념이다. 전통적으로 인도적 지원은 일시적인 자연적 재해로 위기를 겪고 있는 국가들에 대한 지원을 의미했다. 국제법상 인도적 지원이 의무로 간주되지도 않았고, 일종의 은총과 같은 의미로 인도적 지원이란 용어가 사용되곤 했다. 그러나 국제사회의 진화와 더불어 인도적 지원은 자연적·일시적 재해는 물론 사회적·고질적 재해에 대한 지원으로 확장되었다. 또한 인도적 지원은 '공유된 인간성(shared humanity)'과 국제사회의 회원으로서 가지는 의무와 권리로 간주되고 있다. 즉 인도적 지원이 자선이 아니라 지구적 수준에서 분배적 정의를 실현하기 위한 필요조건이란 의미다.[2]

지구시민사회의 북한에 대한 인도적 지원은, 1995년 8월 북한의 유엔 대표부가 자연적 재해인 홍수 피해를 이유로, 유엔인도주의사무국(UN Department of Humanitarian Affairs: UNDHA)에 긴급 구호를 요청하면서 시작되었다.[3] 1996년 1월 북한은 이른바 '고난의 행군'을 선포할 정도로 심각한 위기였다.[4] 북한의 요청에 대한 반응으로 1995년 10월 세계식량계획(World

---

1) 헬무트 안하이어·메어리 칼도어·말리스 글라시우스, 『지구시민사회: 개념과 현실』(서울: 아르케, 2004), 13~29쪽.

2) G. Evans and J. Newnham, *The Penguin Dictionary of International Relations* (London: Penguin Books, 1998), p.231.

3) 북한은 냉전 시대에 사회주의국가들로부터 지원을 받았다. 이 경험은 지구시민사회의 인도적 지원으로 정의되지 않는다. 지구시민사회의 형성은 냉전의 종언과 궤를 같이한다. 북한에 대한 지구시민사회의 인도적 지원도 탈냉전 시대의 산물이라 할 수 있다.

4) 사실 북한의 경제 위기는 1990년대 초반 소련과 중국이 북한에 무역 거래에서 경화 결제를 요구하면서 촉발되었다. 그러나 북한은 1996년 1월 신년 공동사설에서 고난의 행군의 시작을 알렸다. 북한의 공식 문헌에서는 1994년과 1995년경으로 소급하기도 한다. 북한 지도부의 경제 위기에 대한 지체된 인식과 대응은, 신석호, 『김정일과 카스트

Food Programme: WFP)이 평양에 사무소를 설치하고 지원 사업을 시작했고, 유엔기구, 국제적십자운동, 국제 비정부기구(non-governmental organizations: NGOs), 정부기구 등이 이 사업에 참여했다.[5] 이 글에서 주목하는 인도적 지원의 주체는, 지구시민사회의 구성원인 국제기구와 국제 NGO 또는 국제 시민사회단체(civil society organizations: CSOs)이다.[6] 이 글의 질문은 다음과 같다. 첫째, 2015년 현재를 전후로 국제기구와 시민사회단체 가운데 어떤 기구와 어떤 단체가 북한에 인도적 지원을 했고, 하고 있는가? 둘째, 국제기구와 시민사회단체는 왜 북한 문제에 지원과 관여를 하고 있는가? 셋째, 국제기구 및 시민사회단체의 관여에 북한이 어떻게 반응하고 있는가? 즉, 국제기구 및 시민사회단체의 관여 활동이 북한의 정치경제적 거버넌스에 어떻게 영향을 미치고 있는가?

로가 경제위기를 만났을 때』(서울: 전략과문화, 2008) 참조. 북한은 2000년 10월 10일 조선로동당 창건 55주년 기념식에서, 고난의 행군의 공식적 종료를 선언했다. 북한의 시각에서 고난의 행군의 극복 과정에 대한 서술은 윤현철, 『"고난의 행군"을 락원의 행군으로』(평양: 평양출판사, 2002) 참조.

5) 이종무·최철영·박정란, 『국제 NGO의 원조 정책과 활동』(서울: 통일연구원, 2008), 93~95쪽.

6) 각국 정부의 대북 인도적 지원에 대해서는, 이혜옥, 「대북 식량원조 레짐의 형성과 변화에 관한 연구」, 북한대학원대학교 박사학위논문(2015) 참조.

2. 인도적 지원의 정치학

1) 인도적 개입·관여·지원

어떤 주권국가에서 극단적인 인도적 재난이 발생한 경우, 국제사회는 해당 국가 주민의 보호를 위해 내정간섭을 할 수 있다. 즉, 인도적 재난은 인권과 주권이 충돌하는 지점을 만든다. 국제연합헌장은 인권 보장의 측면에서 개인을 국제법의 주체로 등장시킴으로써 주권의 절대성을 제한할 수 있는 혁신의 길을 열었지만 인권보호를 위한 내정간섭을 명시하고 있지는 않다.[7] 인도적 재난이 발생한 국가에 대한 내정간섭은 군사적 방법과 평화적 방법이 있을 수 있다. 따라서 주권과 인권의 관계, 그리고 군사적 내정간섭과 평화적 내정간섭의 여부에 따라 〈표 4-1〉과 같은 도식화가 가능하다.

〈표 4-1〉에서 볼 수 있는 것처럼 제국주의적 개입을 제외한다면, 인도적 문제에 대한 내정간섭은 인도적 '개입(intervention)', '관여(engagement)', '지원(assistance)'의 형태로 나누어볼 수 있다. 개입이 군사적 수단의 동원이라면, 관여와 지원은 평화적 수단에 의존하는 방식이다. 관여가 인도적 재난을 당한 국가의 변화 또는 전환을 목표로 하고 있다면, 지원은 그 목표 없이도 진행될 수 있다. 그러나 지원의 의도든 의도하지 않은 결과나 변화가 발생할 가능성이 있기 때문에 인도적 지원은 인도적 관여의 성격을 띨 수밖에 없는 측면도 있다. 그리고 개입과 관여가 해당 국가의 동의 없이도 발생할 수 있지만 지원은 동의를 필요로 한다. 이하에서 살펴보는 것처럼 탈냉전 시대에는 이 세 가지 형태의 내정간섭이 혼용된 형태로 나타나고 있기도

---

7) http://www.un.org/en/charter-united-nations.

〈표 4-1〉 인권과 주권과 내정간섭

구분	군사적 내정간섭	평화적 내정간섭
인권 〉 주권	인도적 개입	인도적 관여
인권 〈 주권	제국주의적 개입	인도적 지원

하다.

1990년대 후반 코소보 사태에 대한 군사적 개입 이후 인도적 개입을 정당화하는 담론들이 득세하기 시작했다. '정치적 인도주의'라고 부를 수 있는 이 흐름은 인권과 주권의 관계에서 전자의 보편성을 주장하는 방향으로 나아가고 있다. 이 과정에서 2003년 미국의 이라크 침공은 논쟁을 이분법적으로 극단화시킨 계기였다. 첫째, '반제국주의'의 시각에서 이라크 침공은 주권에 대한 침해일 뿐 아니라 제국주의 국가들이 자신들의 이익을 실현하기 위한 목적에서 진행되었다고 평가할 수 있다. 즉, 인도적 개입은 제국주의를 정당화하는 다른 이름일 수 있다. 둘째, '적극적 개입주의'의 시각에서 본다면, 이라크전쟁은 사담 후세인(Saddam Hussein)이라는 독재자를 제거하고 이라크에 민주적인 정치체제를 건설하기 위한 것이었다. 만약 이 시각에서 본다면, 이라크 침공에 반대하는 세력들은 독재를 지지하는 셈이다.[8]

이 논쟁에는 인권과 주권의 관계에 대한 고전적 논의가 담겨 있다. 국제연합헌장에서 볼 수 있듯이, 인권과 주권은 모순적이지만 같이 보호되어야 할 규범으로 규정되어 있다. 국제연합헌장은 국제법을 매개로 강대국의 내정간섭을 배제하는 규범인 동시에 국제인권법을 통해 내정간섭을 허용하는

---

8) 카너 폴리, 『왜 인도주의는 전쟁으로 치닫는가』, 노시내 옮김(서울: 마티, 2010).

국제법으로 읽힐 수도 있다.[9] 코소보에 대한 개입 및 이라크 침공을 둘러싼 논쟁과 더불어 보편적 인권을 강조하는 인권단체와 정치적 중립을 유지하면서 인도적 재난이 발생한 사람들을 지원하는 인도적 지원기구가 '정치적 인도주의'라는 이념하에 적극적 개입을 지지하는 방향으로 선회하는 현상도 발생하고 있다. 예를 들어, 인도적 지원단체인 옥스팜(Oxfam)은 코소보 사태 때 구호물자를 안전하게 전달하기 위해서도 군사적 개입이 필요하다는 입장이었다.[10]

어떤 국가나 지역에서 집단 학살이나 인종 청소와 같은 극단적 사태가 발생할 경우, 해당 국가가 일차적 책임을 지지만 국제사회도 그 주민들을 '보호해야 할 책임(responsibility to protect)'이 있다는 것에 대해 2005년경부터 유엔을 매개로 국제적 합의가 이루어지는 상태이다.[11] 그러나 인도적 개입과 관여의 윤리학과 정치학에 대한 정답은 없는 것처럼 보인다. 도덕적

---

9) 인권과 주권의 관계와 관련해 인권의 보편성을 강조하는 입장은, J. Donnely, *Universal Human Rights in Theory and Practice*(Ithaca: Cornell University Press, 1989); D. Forsythe, *Human Rights in International Relations*(Cambridge: Cambridge University Press, 2000) 등을 참조. 반면 인권에 대한 상대주의적 입장은 J. Vincent, *Human Rights and International Relations*(Cambridge: Cambridge University Press, 1990) 참조. 국내에서의 이와 관련된 논의로는 정진성, 「인권의 보편성과 특수성」, 『21세기의 인권』(서울: 한길사, 2000); 구갑우, 『국제관계학 비판: 국제관계의 민주화와 평화』(서울: 후마니타스, 2008), 328~329쪽 참조.

10) 카너 폴리, 『왜 인도주의는 전쟁으로 치닫는가』, 201쪽. 국제 NGO의 구호 활동도 인도주의적 관심과 무관한 동기, 예를 들어 권력의 욕망과 같은 것도 있음을 보여주는 연구서의 사례도 옥스팜이다. 토니 보, 『옥스팜과 국제구호의 교훈』, 장원석·김진호·강경희 옮김(제주: 온누리, 2005) 참조.

11) 주권의 절대성을 부정하고 국제사회가 보호해야 할 책임을 실현하기 위해서는 내정 간섭이 필요할 수밖에 없다고 주장하는 유엔의 논의는, http://www.un.org/en/preventgenocide/adviser/responsibility.shtml 참조.

관심의 적절한 근거에 대해서는 도덕적 효력을 지니는 국제 규범이 세계 속에 내재해 있다고 보는 '자연주의(naturalism)'와 국제 규범에 대한 동의는 행위자들의 합의에 의해 결정된다는 '합의주의(consensualism)'가 대립하고 있다. 도덕적 관심의 적절한 대상과 관련해서는, 그 대상을 개인으로 보는 '개인주의'와 그 대상을 민족이나 국가와 같은 집단으로 보는 '집합주의'가 경쟁한다. 도덕적 관심의 대상에 대한 '평등주의'와 '반평등주의'의 경쟁이 있고, 도덕적 관심의 폭을 둘러싸고 모든 관련 행위자를 고려하는 '보편주의'와 특정 행위자만을 대상으로 생각하는 '특수주의'가 대립한다.[12]

각기 다른 철학적 입장에 기초해 전개되고 있는 내정간섭인 인도적 개입과 관여, 지원의 정당성과 그 효과를 측정하기 위해서는 다음과 같은 기준이 필요하다.[13] 첫째, '간섭 주체'의 문제다. 간섭 주체의 선정은 간섭의 정당성과 밀접하게 연관되어 있다. 개별 국가의 내정간섭은 역사적 경험에서 볼 수 있듯이, 자국의 국가 이익의 극대화 차원에서 이루어질 가능성이 높다. 인도적 동기가 주변화될 수밖에 없다는 의미다. 국제기구와 국제 NGO에 주목하는 이유도 정당성의 문제 때문이다. 둘째, '간섭 형태'의 결정이다. 간섭 형태는 전쟁에서 지원까지 그 범위가 넓다고 할 수 있다. 또 다른 인권 유린을 막기 위해서는 '평화적 방법'에 의한 내정간섭이 최적의 형태라 할 수 있다. 인도적 관여와 지원이 인도적 재난의 예방과 해결을 위해 적절한

---

12) J. L. Holzgrefe, "The Humanitarian Intervention Debate," in J. L. Holzgrefe and R. Keohane(ed.), *Humanitarian Intervention: Ethical, Legal, and Political Dilemmas*(Cambridge: Cambridge University Press, 2003), pp.15~52. 홀츠그레페는 이 기준들을 활용해 인도적 개입을 정당화하는 이론들인 공리주의, 자연법, 사회계약주의, 공동체주의, 법적 실증주의 등을 개괄한다.

13) 구갑우, 『국제관계학 비판』, 343쪽.

간섭 형태일 수 있다. 극단적인 경우 전쟁이 필요하다고 할 때, 그 결정은 정당한 주체에 의해 내려져야 한다. 셋째, '간섭의 보편성'을 유지해야 한다. 선택적 간섭은 전략적 이해관계를 반영할 수밖에 없다. 인도적 관여와 지원은 보편적 간섭의 원칙을 통해 지속성을 유지할 때 그 정당성을 확보할 수 있다. 넷째, '간섭의 효과'에 대한 사전 고려가 있어야 한다. 간섭의 의도하지 않은 결과로 인도적 재난이 악화될 수도 있다. 간섭의 '시점'에 대한 적절한 판단도 수반되어야 한다. 인도적 재난의 예방이 선행 과제가 되어야 한다. 다섯째, '간섭에 대한 갈등 인지적(conflic-sensitive) 접근'이 필요하다. 간섭은 불가피하게 간섭 주체와 간섭 대상 사이의 갈등을 야기하게 된다. 따라서 간섭 그 자체를 평화 과정을 간주할 수 있는 인식의 전환이 필요하다.

2) 북한과 인도주의

북한은 인도주의를 다음과 같이 정의한다.[14]

> 인도주의는 인간성을 존중하며 그것을 구속하고 말살하는것으로부터 인간을 해방하려는 사상, 다시말하여 사람의 가치와 능력의 발전, 자유와 행복에 대한 권리의 인정, 평등, 정의, 사랑의 원칙들을 사람들사이의 관계의 규범으로 간주하는 사상이다.

인도주의가 고대 로마에서 비롯된 서양적 기원을 가진 보편적 사상임을

---

14) 최철웅, 『부르죠아인도주의의 반동성』(평양: 사회과학출판사, 2009), 3쪽. 이 책은 제 2판으로 제1판은 1991년에 출간되었다.

인정하면서 동시에 북한은 "부르죠아인도주의"와 "사회주의적인도주의"를 구분한다. 사회주의적 인도주의가 "로동계급과 근로인민대중의 자주적요구와 리익을 대변하고있는 력사상 가장 높은 단계의 참된 인도주의라면 부르죠아인도주의는 이미 자기 시대를 다 산 낡고 반동적인 가짜 인도주의"라는 것이 그 구분의 요지다.[15]

이 연장선상에서, 북한은 인도주의의 대상으로 개인을 설정하는 것에도 반대한다. 더불어 윤리와 도덕의 "초계급성" 또한 부정의 대상이다. "모든 사회에는 그 사회에 맞는 도덕이 있"다는 것이다. 인도주의적 원조도, "식민지예속국가에 대한 경제적침투"이고 "제국주의의 략탈적정체를 가리우고 이 나라들을 경제적으로 예속시키고 자주권을 짓밟는 예속과 략탈의 도구"로 비판된다.[16] 인권에 대해서도 북한은 동일한 견해를 가지고 있다. 인권은, "집단의 한 성원으로서 권리문제이"고 "사회적집단을 떠난 고립적인, 개별적인 사람들의 권리문제란 있을수 없다"는 것이다. 그리고 "인권은 철저히 내정 문제이고 국권이 보장되는 조건하에서의 인권이며 결코 내정간섭의 대상으로 되거나 내정간섭을 합리화하기 위한 도구로 될수 없다"고 주장한다.[17] 주권이 인권에 선행한다는 논리이고, 상대주의적 인권관의 전형이다.

북한은 자본주의국가들이 제공하는 원조 또는 지원에 대해 부정적 입장

---

15) 같은 책, 3~4쪽.
16) 같은 책, 29, 147쪽. 또 다른 글로는, 신분진, 「경제'원조'를 통한 미국식 '민주주의' 전파책동의 반동성」, ≪정치법률연구≫, 3호(2007); 량봉선, 「제2차 세계대전후 아프리카나라들에 대한 미제국주의자들의 '원조'와 그 반동성」, ≪김일성종합대학학보: 력사·법학≫, 4호(2010) 참조.
17) 2014년 9월에 발간된 『조선인권협회 보고서』의 일부 내용이다. http://kcna.kp 참조.

을 가지고 있으면서도 1995년 8월 인도적 지원을 요청했다. 자신의 이론을 부정할 만큼 인도적 재난이 심각했음을 보여주는 증거이다. 북한의 이 이중적 인식은 인도적 지원의 과정에서도 나타난다. 북한이 요청한 지원임에도 불구하고 그 지원의 주체인 시민사회단체의 협상력은 약할 뿐 아니라 제한된 범위에서만 자신들의 내부를 공개하려는 북한과 분배의 투명성을 확보하려는 시민사회단체 사이에 갈등이 발생하곤 한다.[18] 또한 북한이 요구하는 '개발 지원(development assistance)'은 시민사회단체가 조달하기 어려운 재원을 필요로 한다. 북한의 인도주의 및 인권의 논리에 따르면 개발 지원은 긴급 구호와 같은 원조보다 북한에 대한 내정간섭일 확률이 높음에도 북한이 개발 지원을 요구하고 있다는 사실도, 자신의 논리와 모순되는 점이다.

3. 북한에 대한 인도적 지원과 관여의 현황 및 결과(1): 국제기구

북한에 대한 유엔의 인도적 프로그램과 발전 프로그램은 '유엔 체제와 북한 정부 사이의 협력을 위한 전략적 프레임워크(Strategic Framework for Cooperation between the UN System and the Government of DPRK 2011-2015:

---

18) 지원이 관여로 인식되어 발생하는 갈등 사례도 있다. 예를 들어 적십자의 정치적 중립에 대해 비판적이었던 인사들이 구호 활동과 적극적 정치 활동을 병행하기 위해 조직한 '국경 없는 의사회(Médecins Sans Frontières: MSF)'도 북한에 대해 인도적 지원(1995~1998)을 했으나 북한 당국과의 마찰로 결국 북한에서 철수했고 북한 당국을 비판하는 정치적 캠페인을 벌이기도 했다. 그러나 정치적 마찰에도 불구하고 국경 없는 의사회는 2012년부터 대북 인도적 지원을 재개했다.

UNSF)' 내에서 실행되고 있다. 2011년부터 2015년까지의 계획인 UNSF는 북한에 대한 인도적 지원 및 개발 지원에 참여하는 다양한 행위자들의 협의를 통해 작성된 것이다.[19] UNSF의 목표는 북한 주민의 삶의 질의 향상, 지속 가능한 발전의 보장, 새천년개발목표(Millennium Development Goals)의 성취 등을 위해 북한 정부를 지원하는 것이다.[20]

2013년을 기준으로 북한에서 활동하고 있는 국제기구는 〈표 4-2〉와 같다. 유엔식량농업기구(Food and Agriculture Organization of the United Nations: FAO)를 비롯한 6개의 국제기구가 상주하고 있고, 이를 총괄 조정하는 상주 코디네이터(coordinator)가 있다. 이 상주 국제기구 및 비상주 국제기구가 중점하고 있는 분야, UNSF의 공식 표현으로 '전략적 우선 영역(strategic priority areas)'은, '사회발전(social development)', '지식과 개발 관리를 위한 협력(partnership for knowledge and development management)', '영양(nutrition)', '기후변화와 환경(climate change and the environment)'이다. UNSF를 준비하면서 국제기구들은 프로그램 자체의 효율뿐 아니라 외부적인 정치적 환경, 예를 들어 자원의 제한된 가용성과 유엔 안전보장이사회의 '결의안 1718'의 존재를 고려했다고 밝혔다. 특히 결의안 1718에 따라 북한에 대한 경제제재가 이루어지고 있는 상황에서 인도적 지원과 개발 지원을

---

[19] 1990년대 후반부터 2000년대 초반까지 국제사회의 북한에 대한 인도적 지원은, 배성인, 「국제사회의 대북 인도적 지원」, ≪국제정치논총≫, 44권 1호(2004) 참조. 약 2012년까지의 정리는, 우승지, 「탈냉전시기 북한의 의존 네트워크 분석」, 『네트워크로 보는 세계 속의 북한』(서울: 늘품플러스, 2015) 참조.

[20] 2000년 UN에서 채택된 새천년개발목표는 다음과 같다. 절대 빈곤 및 기아 퇴치, 보편적 교육의 실현, 양성평등 및 여성의 능력 고양, 유아사망률 감소, 모성보건의 증진, 에이즈를 비롯한 질병의 퇴치, 지속 가능한 환경의 확보, 개발을 위한 글로벌 파트너쉽의 구축. http://www.un.org/millenniumgoals/ 참조.

<표 4-2> 북한에서 활동하는 유엔기구

	기구명
상주 기구	(1) FAO(Food and Agriculture Organization)
	(2) UNDP(United Nations Development Programme)
	(3) UNFPA(United Nations Population Fund)
	(4) unicef(United Nations Children's Fund)
	(5) WFP(World Food Programme)
	(6) WHO(World Health Organization)
	(7) UN Resident Coordinator
비상주 기구	(8) IFAD(International Fund for Agricultural Development)
	(9) ESCAP(Economic and Social Commission for Asia and the Pacific)
	(10) UNEP(United Nations Environment Programme)
	(11) UNESCO(United Nations Economic, Scientific and Cultural Oraganization)
	(12) UNIDO(United Nations Industrial Development Organization)
	(13) OCHA(Office for the Coordination of Humanitarian Affairs)
	(14) UNOPS(United Nations Office for Project Services)
	(15) unitar(United Nations Institute for Training and Research)

주: 유엔 산하 국제기구들의 대북 활동은, http://kp.one.un.org에서 확인할 수 있다. UNOCHA Relief web, http://reliefweb.int/country/prk에도 북한과 관련된 자료들이 있다. 유엔의 북한 관련 자료에 대한 해석을 기초로 북한을 범죄국가로 규정하려는 시도를 반박하고 있는 글로는, 헤이즐 스미스, 「북한은 반인도적 범죄국가인가: 식량권 침해에 대한 '상식'화된 가설 분석」, 『창작과비평』, 161호(2013).

수행하는 것이 가지는 한계를 생각하지 않을 수 없었을 것이다.

이 유엔기구들의 북한에 대한 접근법은 '인민 중심적 접근(people-centered approach)'으로 표현된다. 국제 제재가 이루어지고 있는 상황에서 불가피한 선택일 것이고, 다른 한편 인도적 지원과 관여가 북한 주민을 위한 것임을 밝힐 때 정치적 논란으로부터 일정 정도 자유로울 수 있기 때문일 것이다. 이 인민 중심적 접근하에서 국제기구들은 북한 주민들의 필요를 충족시키면서 그들의 능력을 함양하는 것을 목표로 한다. 또한 국제기구들은 북한 정부와의 협력을 통해 인도적 지원에 대한 모니터링 및 평가와 관련해

국제적 기준을 적용하는 것에도 깊은 관심을 가지고 있다. 북한의 중앙통계
국과의 협력을 통해 여러 부문의 통계에 대한 가용성을 높이는 것도 국제기
구가 중점을 두고 있는 일 가운데 하나이다. 2008년 인구조사 및 2009년 각
종 지표에 대한 클러스터 조사(Multiple Indicators Cluster Survey)는 2009년
후반 북한과 오랜 동안 협력을 지속해왔던 유엔개발계획(United Nations
Development Programe: UNDP)이 복귀했을 때, 중요한 자료이기도 했다.[21]

UNSF가 설정한 각 부문별 성과를 살펴보면 다음과 같다.

첫째, 사회개발 분야이다. 새천년개발목표가 설정하고 있는 '보편적 교
육'이 핵심이다. 특히 국제적 기준을 충족시킬 수 있는 보편적 교육이 유엔
국제기구가 추구하는 바다. 기본적인 교육 자료의 부재는 유엔 국제기구가
지적하는 핵심 문제 가운데 하나이다. 다음으로 유엔 국제기구가 고려하는
분야가 '성평등(gender equality)'이다. 에이즈(AIDS)의 예방 등은 새천년개발
목표와 연관된 또 다른 목표이다. WASH(water, sanitation and hygiene) 프로
그램은 그다음 목표로 설정되어 있다.

둘째, 지식과 개발을 위한 협력 분야이다. 유엔 산하 국제기구는 지속 가
능한 발전을 가로막는 장벽으로 무엇보다 북한 국가기관 소속 인적 자원의
능력과 지식수준을 지적한다. 북한의 중앙통계국의 능력에 대한 지적이 가
장 주목된다. 인도적 지원 및 개발 지원을 위해 포괄적 자료와 통계를 필요

---

21) UNDP는 2007년 3월 대북 사업을 중단했다. 그 이유는, UNDP가 북한 현지 직원 봉급
과 식대, 사무실 임대료 등을 유로화로 지급하고 뉴욕 본부 이사회에 초청된 북한 관
리들의 여행 경비를 지원했다는 의혹이 제기되었기 때문이다. 당시 미국은 UNDP의
현금이 북한의 핵무기 실험에 사용되었을 수도 있다고 문제를 제기한 바 있다.
"UNDP, 대북사업 중단 발표," ≪통일한국≫, 4월호(2007), 27~28쪽. UNDP와 북한의
관계에 대해서는, 조한승, 「유엔기구의 대북한 접근의 시사점: UNDP와 FAO/WFP를
중심으로」, ≪통일문제연구≫, 26권 1호(2014) 참조.

로 하는 유엔의 입장에서는 자신들의 활동을 정당화하기 위해서도 필요한 부분이라 할 수 있다.

셋째, 영양 분야다. 유엔 산하의 국제기구는 북한 주민의 건강, 생산성, 소득, 자산 성장, 빈곤 등에 영양 결핍이 부정적 효과를 미치고 있다고 본다. 새천년개발목표의 첫 번째인 빈곤의 퇴치를 위해 국제기구는 북한 정부와의 협력을 통해 농업 생산, 영양 지원, 식량 지원 등에 초점을 두고 있다. 1990년대 중반 이후의 지속적인 식량 부족 때문에 영양 결핍이 발생하고 있다는 것이 국제기구의 분석이다.

넷째, 기후변화 및 환경이다. 유엔 국제기구는 기후변화를 북한 주민의 삶의 질과 지속 가능한 발전에 영향을 미치는 변수로 본다. 북한 정부의 추계에 따르면, 지난 100년간 평균온도는 1.9도 상승한 것으로 보고되는데, 이는 지구적 평균 0.7도의 두 배에 이르는 수치이다. 북한이 홍수와 가뭄을 반복하는 것은 정부의 정책 실패 때문이기도 하지만 기후변화의 결과이기도 하다는 것이다. 특히 기후변화는 북한의 수자원 부족에도 부정적 영향을 미치고 있다.

국제기구는 이 네 분야에서 북한의 문제를 해결하기 위해 대략 28억 8300만 달러가 필요하다고 추정한다. 이 수치는 WFP의 예산을 뺀 것이다. 이 자금 가운데 76.7%가 사회개발, 9.4%가 지식과 개발을 위한 협력, 7.8%가 영양 개입, 6.1%가 기후변화 및 환경에 배당될 예정이다. 각 국제기구가 재정계획 및 자원의 동원을 책임지는 형태다.

인도적 지원과 개발 지원의 모니터링 및 평가의 원칙과 관련해 유엔 산하 국제기구들은 UNSF가 결과를 검증하기 위해 물리적 접근이 가능한 영역으로 한정될 것임을 분명히 하고 있다. 국제 기준에 부합하는 모니터링 및 평가를 할 수 있는 북한 내의 조건을 향상시키는 것도 주요 목표 가운데 하나이다. 또한 각 국제기구는 나름의 모니터링 기준을 북한에 부과하고 있다.

4. 북한에 대한 인도적 지원과 관여의 현황 및 결과(2): 시민사회단체

북한이 1995년 '큰물' 피해를 계기로 국제 원조를 요청했을 때, 유럽연합 (EU)은 적극적으로 호응한 국제기구 가운데 하나다.[22] 유럽연합은 식량 원조, 공중위생 및 개인위생에 필요한 인도적 지원, 그리고 한반도에너지개발기구(KEDO) 이사회에 참여하기도 했다. 1998년 이후에는 북한과 유럽연합 사이에 정치적 대화도 이루어졌다. 2000년 9월 북한은 백남순 외무상 명의로 유럽연합 회원 국가 및 유럽연합 집행위원회에 수교를 요청하는 서한을 보내기도 했다. 같은 해 11월 유럽연합 대표단이 북한을 방문한 이후, 유럽연합 회원 국가와 북한이 수교를 시작했고[23] 2001년 7월 북한은 유럽연합과도 수교했다.

북한은 특유의 제국주의론에 기초한 외교 정책을 구사하면서도 유럽연합과의 관계 개선을 적극적으로 도모한 이유는, 미국의 단극패권 시대에 유럽연합을 통해 미국에 대한 견제를 할 수 있다고 생각했기 때문이었다.[24]

---

22) 유럽연합의 대북 정책에 대한 자료는, http://europa.eu.int에서 확인할 수 있다. 북한과 유럽연합의 관계에 대한 이론적 접근은, 구갑우, 「탈냉전 시대, 북한과 유럽연합의 관계」, ≪평화논총≫, 5권 2호(2001) 참조.
23) 유럽연합 회원 국가 가운데 2015년 현재 북한과 수교하지 않은 국가는 프랑스다. 프랑스는 북한의 인권 문제를 적극적으로 제기했던 국가다.

또한 자본주의 학습을 위해서도 유럽형 자본주의가 자국에 도움이 된다고 생각했던 것처럼 보인다. 2000년대 이후 북한이 자국의 엘리트들이 유럽연합 회원 국가에서 자본주의 학습을 할 수 있는 기회를 제공하는 것도 이 때문일 것이다.

북한과 유럽연합의 특수한 관계는, 2005년 북한 정부가 북한 내에서 활동하고 있는 시민사회단체를 내보내는 결정을 내렸음에도 불구하고 유럽연합과 관련된 대부분의 시민사회단체는 여전히 활동하게끔 하는 동력이었다고 할 수 있다. 〈표 4-3〉에서 볼 수 있는 것처럼, 2013년 현재 북한에서 활동하고 있는 시민사회단체는 주로 유럽연합에 기반을 두고 있는 단체들이다.25) 상주 단체들을 중심으로 이 단체들의 활동을 살펴본다.

프리미어 어전스(Première Urgence)는 함흥 지역에서 보건 위생과 관련된 지원을, 황해남도 지역에서는 식량 안보의 증진을 위해 활동하고 있다. 세이브 더 칠드런(Save the Children)은 2003년부터 북한에서 활동하고 있는 단

---

24) 다음과 같은 구절을 참조할 수 있다. "미국과 구라파공동체사이의 경제적 대립과 모순은 자본주의발전의 불균등성에 의해 미국의 경제력과 지위가 약화되는 반면에 구라파공동체의 경제력과 지위가 상대적으로 강화되었으며 자본주의의 경제위기가 더욱 심화되여 시장문제가 날카로운 문제로 제기되고있는 조건에서, 또한 이른바 랭전구조가 허물어진 조건에서 전례없이 격화되고있다." 북한판 제국주의론의 한 단면으로, 오재양, 『자본주의렬강들사이의 경제적대립과 모순』(평양: 과학백과사전종합출판사, 1994), 86쪽.

25) 〈표 4-2〉에 포함되지 않았지만, 북한에 대한 인도적 지원을 하는 NGO들이 있다. 국경 없는 의사회는 2012년부터 북한에서 활동을 재개했고, 2013년 5월 북한 정부와 협정을 체결하고 평안남도 안주 지역에서 모성보건과 어린이보건 관련된 지원을 하고 있다. http://www.msf.org/dprk 참조. 캐나다 NGO인 'First Steps'(http://www2.firststepscanada.org/lang/ko)과 'The United Church of Canada'(http://www.united-church.ca/partners/global/asia/north-korea) 등도 북한에 대한 인도적 지원 활동을 하고 있다.

〈표 4-3〉 북한에서 활동하는 시민사회단체

구분	단체명
유럽연합 지원 단위: 상주 국제 NGOs (European Union Support Units)	(1) Première Urgence (2) Save the Children (3) Concern Worldwide (4) Deutsche Welthungerhilfe(독일 세계기아원조) (5) Triangle Génération Humanitaire (6) Handicap International
적십자운동 (Red Cross Movement)	(7) IFRC(International Federation of the Red Cross) (8) ICRC(International Committee of the Red Cross)
양자 / 정부기관: 상주	(9) SDC(Swiss Agency for Development and Corporation) (10) Italian Development Cooperation (11) French Cooperation Bureau
비상주 국제 NGOs	(12) American Friends Service Committee(AFSC) (13) Agape International (14) Chosun Exchange (15) Christian Friends of Korea (16) Gesellschaft für Nachhaltige Entwicklung(지속 가능한 발전) (17) Global Resource Services (18) Korea Maranatha Foundation (19) Mennonite Central Committee (20) Mercy Corps (21) Mission East (22) Samaritan's Purse (23) World Vision
비상주 정부 간 기구	(24) Centre for Agricultural Bioscience International

체로, 31개의 탁아소와 유치원을 재건하는 역할과 함경남도 지역에서 보건과 식량 안보의 증진을 위한 지원을 하고 있다. 컨선 월드와이드(Concern Worldwide)는 1998년부터 북한에 대한 인도적 지원을 수행했고, 개발 지원을 하고 있다. 특히 취약 계층에 대한 중장기 지원을 통해 영양 결핍과 수질

관리를 위한 사업에 주력하고 있다. 평안남도와 황해북도에서 활동하다가 강원도까지 활동 영역을 넓혔다. 평양의 룡성 지구에 시범농장을 시작한 상태다. 독일 세계기아원조(Deutsche Welthungerhilfe)는 1997년 이후부터 북한에서 활동하고 있다. 초기에는 식량, 석탄, 겨울옷 등을 제공하는 지원을 했다. 1990년대 말 이후에는 황해남도와 평안북도 지역에서 협동농장을 지원하는 일을 했다. 2000년 이후, 통합적인 농촌발전계획을 통해, 재생 가능한 에너지의 도입을 통해 유치원이나 탁아소와 같은 기관에 그린하우스를 설치하는 사업 등을 하고 있다. 트라이앵글 제너레이션 휴메니테어(Triangle Génération Humanitaire)은 빈곤을 퇴치하고 사회통합을 방어하는 데 주력한다. 갈등, 자연재해, 그리고 불확실한 삶의 조건 때문에 발생한 피해자들을 지원하고 있다. 위기와 발전을 통합하는 접근이 이 단체의 특징이다. 이 단체는 식량 안보 프로그램, 수질 개선 및 위생 프로그램 그리고 특히 주목되는 것으로 심리적·사회적 지원 프로그램을 수행한다. 핸디캡 인터내셔널(Handicap International)은 북한의 장애인을 지원하는 활동을 하고 있다. 북한의 중앙통계국에 따르면 5세 이상의 주민 가운데 6.3%가 장애를 가지고 있는 것으로 파악되고 있지만, 0~5세 사이의 영아에 대한 통계는 접근 가능하지 않다. 특히 여성과 농촌 지역 주민의 장애가 상대적으로 높은 것으로 보고되고 있다. 핸디캡 인터내셔널은 물리적 재활, 제도적인 능력 함양, 장애인의 옹호, 생계, 교육, 장애인을 위한 스포츠·예술·문화 활동 등을 주력 사업으로 설정하고 있다.

비유럽연합 지원 단위로서 IFRC는 생계, 건강, 비폭력과 평화문화 등을 전략적 목표로 설정하고 있고, 북한의 조선적십자를 협력의 파트너로 하고 있다.[26] ICRC는 지역 병원에 대한 지원, 물리적 재활, 시민사회가 부재한 북한에서 정부와 사회의 대화의 강화 등을 목표로 설정하고 있다. SDC는 토지 관리, 수질 개선, 식량 안보 등이 주력 사업이다.

5. 북한의 정치경제적 거버넌스의 변화

북한은 국제기구 및 시민사회단체의 지원과 관여의 목적에 따라 다르게 반응할 가능성이 높다. 북한은 정치적 인도주의에는 저항하면서도 순수한 인도적 지원과 그 지원의 불가피한 과정이자 결과인 관여는 수용한다. 그리고 국제기구 및 시민사회단체의 지원과 관여가 지속적이라면, 북한은 그 관여를 수용할 수 있는 제도적 장치를 마련할 것이다. 또한 국제기구 및 시민사회단체에 개발 지원을 요구하고 있는 북한은 만약 개발 지원이 제공된다면 어떠한 관리 체제를 갖출 것이라는 제안을 할 수밖에 없다. 개발 지원은 새로운 제도의 창출로 이어지기 때문이다. 즉, 개발 지원과 개발 정책을 수용하는 북한의 새로운 정치경제적 거버넌스가 필요하다는 것이다.

유엔 국제기구와 북한이 합의한 UNSF에는 국제기구의 대표들과 북한의 외무성 국제기구부 국장(Director-General)이 서명했다.[27] UNSF의 사회발전 가운데 보건 분야는 북한의 '보건성(Ministry of Public Health)'이 UNFPA, UNICEF, WFP, WHO, IFRC와, 교육 분야는 북한의 '교육위원회(Ministry of Education)'가 UNICEF, UNESCO와 협력하고 있다. 물 분야의 WASH(water, sanitation and hygiene) 프로그램은 북한의 '도시경영성(Ministry of City Management)'이 주요한 실행의 파트너이고, '보건성', '교육위원회'가 협력하고 있

---

26) 국제적십자위원회와 국제적십자/적신월사연맹은 국제기구로 각국 정부가 지원하고 있다는 점에서 비정부기구로 분류되지 않을 수도 있다.

27) 북한의 거버넌스 변화의 주요 내용은, http://kp.one.un.org 참조.

다. 또한 UNSF는 지방인민위원회와의 협력을 추진하고 있다.

UNSF의 두 번째 전략적 우선순위를 차지하는 지식과 발전을 위한 협력을 위해 북한에서는 '국가계획위원회', '중앙통계국(Central Bureau for Statistics: CBS)', '재정성', '무역성' 공업 관련 부처, '국가품질감독위원회', '무역은행', '사회과학원' 등이 UNDP, UNICEF, FAO, ESCAP, DESA, UNIDO 등과 협력하고 있다.

세 번째 전략적 우선순위인 영양과 관련해서는, '외무성', WFP, FAO, UNICEF를 위한 '국가조정위원회(National Coordinating Committees)', '농업성', '수산성(Ministry of Fisheries)', '수매양정성(Ministry of Food Administration)', '국토환경보호성(Ministry of Land and Environment Protection)', '상업성', '보건성', '국가계획위원회', '국가과학기술위원회(State Science and Technology Commission)' 등이 WFP, UNICEF, FAO, ESCAP 등과 협력하고 있다.

마지막으로 기후변화와 환경 분야에서는 북한의 '국가과학기술위원회', '국토환경보호성', '농업성', '수산성', '수매양정성', '도시경영성', '보건성', '전력공업성(Ministry of Electric Power Industry)', '석탄공업성(Ministry of Coal Industry)', '화학공업성(Ministry of Chemical Industry)', 국가계획위원회와 학술기관 등이, UNDP, UNFPA, UNICEF, FAO, WFP, UNEP, UNIDO, ESCAP, UNITAR 등과 협력하고 있다.

북한에 대한 지원과 관여 과정에서 국제기구 및 NGO와 북한의 정부 부처가 연계되는 것과 더불어 주목되는 또 다른 변화는 북한 내에 '정부 조직 NGO(government organized non-governmental organizations)'가 형성되고 활동하기 시작했다는 점이다. 대표적으로 핸디캡 인터내셔널은 '조선장애인보호연맹'의 요청으로 1998년부터 활동을 시작했고, 북한에서 장애인법 제정을 포함해 장애인 인권과 관련된 북한의 인식과 규범에 영향을 미쳤다고 평가된다.[28] 북한도 앞서 언급한 『조선인권협회 보고서』에서 "인권분야에서의 국제적협력을 보장하기 위한 기관"으로, "아동권리협약리행 민족조정위원회"(1999년 4월 28일 설립), "유네스코민족위원회"(1974년 12월 24일 조직), "유엔식량 및 농업기구민족위원회"(1981년 1월 28일 조직), "녀성차별청산협약리행 민족조정위원회"(2001년 8월 29일 조직), "유엔인구기금 민족조정위원회"(1992년 12월 16일 조직), "세계식량계획 민족조정위원회"(2006년 4월 26일 조직), "유엔아동기금 민족조정위원회"(1985년 6월 6일 조직) 등을 언급하고 있다. 그리고 "비정부인권단체"로, 기존의 북한 사회단체인 '김일성사회주의청년동맹'이나 '조선직업총동맹'과 더불어 "조선장애자보호련맹"(1998년 7월 29일 "조선장애자지원협회"로 설립, 2005년 7월 27일 현재의 명칭으로 변경), "조선련로자보호연맹"(2003년 4월 30일 조선년로자방조협회로 조직, 2006년 현재의 명칭으로 변경), "조선교육후원기금"(2005년 1월 26일 설립), "조선가족계획 및 모성유아건강협회"(1990년 설립) 등을 제시하고 있다.[29]

이상에서 볼 수 있는 것처럼 국제기구와 국제 NGO들의 인도적 지원과 관여가 진행되면서 북한 내부의 정치경제적 거버넌스의 변화들이 나타나고 있다. 이 거버넌스의 변화는 북한의 NGO에 대한 인식 제고 및 시민사회 형성의 한 계기일 수 있다.[30]

---

28) Yoon, Seok-Jun, *Europe in the North Korean Crisis(1995-2009): A Multi-Track Diplomacy Approach*(Paris: Science Po, 2014); 윤석준, 「유럽의 대북 인도지원 및 개발협력에 대한 인권중심적 접근: Handicap International 사례를 중심으로」, 한국정치학회 발표문(2014); 북한의 장애인 정책과 관련해서는 이철수, 『긴급구호, 북한의 사회복지』(파주: 한울, 2012), 8장 참조.

29) 윤석준은 위의 논문에서, 유럽 NGO인 트라이앵글 제너레이션 휴머니테어(Triangle GH)가 조선년로자보호연맹과 협력 사업을 진행했고, 조선교육기금은 프랑스의 NGO인 SPF(Secours Populaire Français)와의 협력 관계를 위해 신설되었다고 보고 있다.

6. 잠정 결론

북한에 대한 국제기구와 지구적 시민사회단체의 인도적 지원과 관여는 유엔의 대북 제재에도 불구하고 지속되고 있다. UNSF에서 볼 수 있듯이, 국제적 기준에 부합하는 지원 원칙을 설정하고 인도적 지원을 넘어 사회개발 및 북한 사회의 역량 제고를 위한 다양한 활동을 하고 있다. 이들의 활동을 정치적 인도주의로 평가하는 것은 어려울 것처럼 보인다. 북한 사회의 변화를 위해 노력하고 있지만, 정치적으로 민감한 문제를 제기하지 않음으로써 북한 당국과의 직접적 충돌을 예방하는 것처럼 보인다.

지금까지의 조사를 통해 살펴보면, 북한 당국은 국제기구와 시민사회단체의 요구에 따라 자신들의 정치경제적 거버넌스를 바꾸고 있다. 북한이 인도적 개입은 거부하지만 인도적 지원과 관여를 허용하면서 발생하고 있는 변화다. 북한 내각의 거의 전 부서가 국제기구 및 시민사회단체의 인도적 지원과 관여를 담당하는 부서를 운용한다. 또한 이 과정에서 북한 내부에 국제기구 및 NGO와 협력하는 정부가 조직한 NGO도 증가하고 있다. 북한 내부에서 시민사회 형성의 한 계기가 국제사회의 대북 인도적 지원과 관여를 통해 만들어지고 있다고 평가할 수 있는 변화다.

---

30) 윤석준, 「유럽의 대북 인도지원 및 개발협력에 대한 인권중심적 접근: Handicap International 사례를 중심으로」.

참고문헌

1. 북한 자료

1) 단행본
오재양. 1994. 『자본주의렬강들사이의 경제적대립과 모순』. 평양: 과학백과사전종합출판사.
윤현철. 2002. 『"고난의 행군"을 락원의 행군으로』. 평양: 평양출판사.
최철웅. 2009. 『부르죠아인도주의의 반동성』. 평양: 사회과학출판사.

2) 논문
량봉선. 2010. 「제2차 세계대전후 아프리카나라들에 대한 미제국주의자들의 '원조'와 그 반
    동성」. ≪김일성종합대학학보: 력사·법학≫, 4호.

2. 국내 자료
구갑우. 2008. 『국제관계학 비판: 국제관계의 민주화와 평화』. 서울: 후마니타스.
보, 토니(Tony Vaux). 2005. 『옥스팜과 국제구호의 교훈』. 장원석·김진호·강경희 옮김. 제
    주: 온누리.
신석호. 2008. 『김정일과 카스트로가 경제위기를 만났을 때』. 서울: 전략과문화.
안하이어(Helmut K. Anheier)·칼도어(Mary Kaldor)·글라시우스(Marlies Glasius). 2004.
    『지구시민사회: 개념과 현실』. 서울: 아르케.
이종무·최철영·박정란. 2008. 『국제 NGO의 원조 정책과 활동』. 서울: 통일연구원.
이철수. 2012. 『긴급구호, 북한의 사회복지』. 파주: 한울.
폴리, 카너(Conor Foley). 2010. 『왜 인도주의는 전쟁으로 치닫는가』. 노시내 옮김. 서울:
    마티.

2) 논문
구갑우. 2001. 「탈냉전 시대, 북한과 유럽연합의 관계」. ≪평화논총≫, 5권 2호.
배성인. 2004. 「국제사회의 대북 인도적 지원」. ≪국제정치논총≫, 44권 1호.
스미스, 헤이즐(Hazel Smith). 2013. 「북한은 반인도적 범죄국가인가: 식량권 침해에 대한
    '상식'화된 가설 분석」. 『창작과비평』, 161호.

신분진. 2007. 「'경제'원조'를 통한 미국식 '민주주의' 전파책동의 반동성」. ≪정치법률연구≫, 3호.

우승지. 2015. 「탈냉전시기 북한의 의존 네트워크 분석」. 『네트워크로 보는 세계 속의 북한』. 서울: 늘품플러스.

윤석준. 2014. 「유럽의 대북 인도지원 및 개발협력에 대한 인권중심적 접근: Handicap International 사례를 중심으로」. 2014년 한국정치학회 발표문.

이혜옥. 2015. 「대북 식량원조 레짐의 형성과 변화에 관한 연구」. 북한대학원대학교 박사학위논문.

정진성. 2000. 「인권의 보편성과 특수성」. 『21세기의 인권』. 서울: 한길사.

조한승. 2014. 「유엔기구의 대북한 접근의 시사점: UNDP와 FAO/WFP를 중심으로」. ≪통일문제연구≫, 26권 1호.

3) 기타 자료

≪통일한국≫. 2007(4월호). "UNDP, 대북사업 중단 발표".

3. 국외 자료

1) 단행본

Donnely, J. 1989. *Universal Human Rights in Theory and Practice.* Ithaca: Cornell University Press.

Evans, G. and J. Newnham. 1998. *The Penguin Dictionary of International Relations.* London: Penguin Books.

Forsythe, D. 2000. *Human Rights in International Relations.* Cambridge: Cambridge University Press.

Vincent, J. 1990. *Human Rights and International Relations.* Cambridge: Cambridge University Press.

Yoon, Seok-Jun. 2014. *Europe in the North Korean Crisis (1995-2009): A Multi-Track Diplomacy Approach.* Paris: Science Po.

2) 논문

Holzgrefe, J. L. 2003. "The Humanitarian Intervention Debate." in J. L. Holzgrefe and R. Keohane(ed.). *Humanitarian Intervention: Ethical, Legal, and Political Dilemmas.* Cambridge: Cambridge University Press.

제5장

동북아 평화 거버넌스와 북한의 대응

한반도 평화 체제를 중심으로

김 갑 식

1. 문제 제기

이 연구는 동북아 평화 거버넌스의 시각에서 한반도 평화 문제에 대한 다양한 관여를 바라보는 북한의 시각과 대응을 분석하고자 한다. 우리는 북한의 체제전환을 위한 동북아 평화 거버넌스를 분석하기 위해 3단계 접근 방법을 사용한다. 경험적 사례와 북한의 대응 그리고 향후 전망과 과제다.

이 연구 이전에 글로벌 평화 거버넌스에 대한 경험적 사례연구를 진행했다. "동유럽 사회주의 체제전환과 글로벌 거버넌스"라는 주제로 서독의 동방정책과 CSCE(유럽 안보협력회의)를 분석했다. 이를 통해 사회주의 국가의 내부 변화를 추동하는 동력을 증가시키는 데 글로벌(동북아) 거버넌스의 역할을 조명하고자 했다. 그리고 이 연구의 다음 작업은 한반도 평화 문제에 대한 동북아 평화 거버넌스의 역할에 대한 의미와 한계를 전망하는 것이다.

이렇듯 이 연구는 경험적 사례와 향후 과제를 연결하여 가교의 역할을 담당한다. 그것은 역사적 경험과 함께 북한의 시각과 대응에 대한 이해가 필수적이기 때문이다. 따라서 이 연구는 한반도 평화 문제로 압박하거나 또는 호응에 오는 한·미·일 3국에 대해 북한이 어떠한 대응 전략을 수립하고 집행했는지를 분석하고 동북아 평화 거버넌스와 한반도 평화 체제의 상관성을 고찰하려고 한다.

이에 이 연구에서는 먼저 핵심 개념인 한반도와 동북아, 그리고 평화 체제와 평화 거버넌스에 대한 위상학적 접근을 시도하고, 다음으로 한국 역대 정부의 동북아 평화 거버넌스에 대한 논의를 정리하며, 이에 대한 북한의 대응과 평가를 추적해 정책적 함의를 도출하고자 한다.

2. 주요 개념[1]

1) '한반도 평화'와 '한반도 평화 체제'

우리가 상정할 수 있는 한반도 평화의 상태는 세 가지다. 첫째는 현재의 정전협정을 그대로 유지하면서 적대 행위의 재발을 방지하는 '불완전한 평화'다. 그러나 이 방안은 '평화의 유지'는 물론 '평화의 회복'에도 미치지 못하는 '준평화의 유지'에 불과하다.[2] 이 상태에서 현실적으로 한반도의 군사력 균형을 통한 억지(deterrence) 이외에는 전쟁의 재발을 방지하는 수단이

---

1) 함택영·김갑식 외, 『한반도 평화체제 거버넌스 활성화 방안』(서울: 통일연구원, 2007), 7~14쪽에서 발췌.
2) 김명기, 「평화체제 구축에 관한 이론적 개관」, 『한반도 평화체제의 모색』(서울: 경남대 극동문제연구소, 1997), 25쪽.

별로 없다. 둘째, 부정적 혹은 '소극적 평화'는 평화의 회복, 즉 전쟁 이전의 상태로 돌아가거나 전쟁이 부재한 상태를 지칭한다. 이는 전쟁 부재 상태를 회복 또는 유지한다는 개념이다. 셋째, 이에 비해 긍정적 혹은 '적극적 평화'는 비록 전쟁은 없을지라도 구조적 폭력이 존재하는 상태를 평화라고 볼 수는 없다는 관점에 의거한 개념이다. 즉, '적극적 평화'는 전쟁 발생의 원인을 제거 내지 봉쇄한 상태를 의미한다.[3] 정전협정이 유효한 '준평화' 상태는 평화 상태가 아니기 때문에 남북한 평화 체제는 적어도 전쟁 부재의 소극적 평화 이상을 의미한다고 보아야 한다.

남북한 평화 체제 수립 작업은 1차적으로 현재의 불안정한 정전 체제에 있는 분단 상태를 안정화시킴으로써 평화공존을 도모하는 것이다. 불안정한 정전 체제를 평화 체제로 전환하기 위해서는 ① 외교적·법적으로 분단체제를 정착시키는 방안, ② 정치적·군사적으로 군비 경쟁을 지양해 배타적 안보가 아니라 공동 안보를 추구하는 방안, ③ 경제적으로 상호 협력을 통해 긴장 완화와 신뢰 구축을 증진하고 나아가 통합의 기초 작업에 착수하는 방안, ④ 남북한 국내적으로 각기 국가 이익과 민족 이익을, 그리고 안보와 평화를 뛰어넘는 사회문화공동체의 이념을 모색하는 방안 등이 있다. 물론 이 방안들은 상호 배타적인 것이 아니라 보완적인 것이다.

다시 말하면, 남북한의 공동 안보는 최소한 불가침조약 등 평화협정과 군비 통제 및 군축을 바탕으로 한다. 첫째, 남북한은 그 이름이야 어떠하든 평화 정착을 위한 제도적 틀을 마련하기 위해 현재의 불안한 정전 체제를 평화 체제로 전환할 필요가 있다. 6자회담이나 기타 방식을 통해 주변 4국의 남북한 교차 승인을 완료하고 국제적으로 구속력 있는 평화협정을 도출

---

3) 송대성, 『한반도 평화체제: 역사적 고찰, 가능성, 방안』(성남: 세종연구소, 1998), 6~8쪽.

하는 것이야말로 한반도 및 동북아 평화 레짐(peace regime)의 제도적 기반이 되는 것이다. 또한 동북아의 평화는 경제협력에 달려 있기에 남북한 경제의 번영이 미국은 물론 중·일과의 긴밀한 협력을 전제 조건으로 한다는 사실을 망각할 수 없다.

둘째, 남북한의 상호 인정은 군비 통제 및 군축과 밀접히 연관된다. 상대방의 존재로 인한 안보 위협은 우리가 감내하면서 살아야 하는 숙명적인 것으로 인정하면서, 이른바 '절대 안보'에 대한 집착으로부터 탈피해야 하는 것이다. 먼저 남북한은 피차 무력도발을 억지하면서도 상대방의 안보 불안감을 자극하지 않는 '합리적 충분성(resonable sufficiency)' 원칙을 필요로 한다. 남북한은 나아가 동북아 다자간 안보 체제의 수립에 적극적으로 참여하며 동북아의 군비 통제 및 군축을 지향해야 한다. 장차 통일 한국의 안보 정책은 주변 4국과 군비 경쟁을 전개하는 것이 역부족일 뿐 아니라 위험한 전략이라는 뼈아픈 자각에서 나와야 하는 것이다. 남북한의 자주적 '위기관리' 체제와 안보외교 능력의 배양이 절실히 요구된다.[4]

셋째, 적극적인 평화 체제를 목표로 하는 평화통일 전략은 정치적·군사적 접근보다 경제적인 접근에 의해, 즉 경제통합을 통해 민족공동체의 기반을 조성하는 길이다. 남북한이 선택할 수 있는 대안은 '시장의 논리'와 '(민족)공동체의 논리'를 변증법적으로 종합하는 길이다. 즉, 상호 의존성 증대를 통해 경제적 공영이 쌍방의 주요 정책 목표로 정착되고, 또한 경제협력을 통한 신뢰 구축이 군비 통제 및 군축을 촉진함으로써 안보공동체의 기반이 마련될 수 있을 것이다.

넷째, 평화는 단순히 지키는 것이 아니라 인간의 마음과 사회 속에서 평

---

4) 백종천·이민룡, 『한반도 공동안보론』(서울: 일신사, 1993), 338~340쪽.

화의 문화를 창조해나가야 한다. 이러한 관점에서 평화교육은 1999년에 열린 헤이그 평화 회의의 '평화와 정의를 위한 헤이그 어필'에서도 가장 우선적으로 강조되었다. 즉, 이 회의에서 제안된 '21세기 평화와 정의를 위한 시민 어젠다' 50개 항목 가운데 가장 첫 번째 주제인 '전쟁의 근절: 평화의 문화'는 평화운동에서 주안점이 평화 정착을 위한 제도와 물적 능력 못지않게 무엇보다도 평화문화를 확산하는 것임을 보여주었다.[5] 따라서 남북한 주민들 사이에 평화문화를 심어주는 것이야말로 한반도 평화를 비가역적으로 만들 수 있는 토대라 할 수 있다.

결국 이 연구에서는 한반도 평화 체제를 역사 특수적 형태, 즉 민족공동체의 역사적 구조[6]로서 정의하며, 이념, 물적 능력, 제도의 세 가지 힘의 상호작용하는 관계로 본다. 여기서 제도란 평화협정 체결(정전협정의 평화협정으로의 대체), 남북 간 군사적 긴장 완화와 신뢰 구축 (그리고 북핵 문제의 평화적 해결과 북미·북일 관계 개선) 등을, 물적 능력이란 군사력에 바탕을 둔 힘의 균형 또는 비대칭 힘의 균형, 경제협력을 통한 경제공동체의 물적 토대 구축 등을, 마지막으로 이념이란 국익을 넘어서는 민족 이익, 안보를 넘어서는 평화 등 평화문화·평화활동 등을 중심으로 한 사회문화공동체 이념의 모색을 의미한다.

그런데 이러한 한반도 평화 체제 개념은 다음과 같은 특성이 있다.[7] 먼저, 한반도 평화 체제는 '과정(process)'으로 이해해야 한다. 단순히 전쟁의

---

5) 강순원, 「한반도 평화실현을 위한 사회문화적 재구성」, 『21세기 평화학』(서울: 풀빛, 2002), 434쪽.

6) 로버트 콕스, 「사회세력, 국가, 세계질서: 국제관계이론을 넘어서」, 『국제관계론강의 2』(서울: 한울, 1997), 464쪽.

7) 허문영 외, 『한반도 평화체제 거버넌스 실태조사』(서울: 통일연구원, 2006), 320쪽.

법적 종결에 국한되는 것이 아니라, 남북 및 국제적 차원의 제반 긴장 요인들을 포괄적으로 해결하면서 평화를 제도화하고 정착시켜나가는 장기적 과정이라는 것이다. 즉, 평화 체제 구축은 평화협정 체결과 같은 일시적 사건이 아니라 포괄적이고 장기적 과정이라는 데 그 특징이 있다. 그리고 한반도 평화 체제는 '한반도 문제이자 국제적 사안'이다. 한반도 평화 문제는 정치, 군사, 경제 등 다양한 분야에서 민족 내부적 요소와 미중·북미·북일 간 안보 현안 등 국제적 요소들이 혼재되어 상호 작용한다. 관련 당사국들 간 국제적 협력을 통한 조화와 보완이 요구된다 하겠다. 또한 한반도 평화 체제는 '평화적·점진적 통일의 제도적 기반'이라는 특징도 가지고 있다. 국제 사회의 보편적 평화 프로세스와는 달리, 한반도 평화 체제는 남북 평화공존 실현과 남북연합으로의 진입을 위한 제도적 기반을 제공하는 과도기적 체제로 받아들여야 한다. 한반도 문제의 과도한 국제화를 지양하고 남북 당사자 간 해결 노력과 국제적 협력의 조화가 중요한 대목이다. 즉, '한반도 문제의 국제화'와 '한반도 문제의 한반도화'라는 두 축을 제로섬(zero-sum)적 상황이 아닌 상호 이익이 되는 방향으로 만들어가야 한다.[8]

2) 한반도와 동북아 평화 거버넌스와의 구조적 연계성

이 연구에서 사용하고 있는 '동북아 평화 거버넌스'에 대한 개념은 다음의 세 가지를 상정할 수 있다. 첫째, '글로벌 거버넌스 위원회'의 거버넌스 개념을 원용해 '동북아 평화 거버넌스'를 '공공 및 사적 개인들과 제도들이 동북아 평화라는 공공 목적을 달성하기 위해 이와 관련되는 정책이나 활동,

---

8) 김기정, 「한반도 평화의 거버넌스」, 『21세기 평화학』(서울: 풀빛, 2002), 465쪽.

역할 등 자신들의 공통적인 업무를 관리하고, 자원을 통제하고 권력을 행사하는 무수한 방법의 집합이며, 갈등적인 이해나 다양한 이해관계들이 수용되면서 상호 협력적인 행동이 취해지는 과정'으로 정의한다. 둘째, 동북아 평화 거버넌스는 "국제·동북아·남북 관계·국내의 차원에서 공공 부문과 민간 부문이 협력적 정책 네트워크를 구성해 각자의 전문성과 참여도를 높이고, 부문들 간의 연결성을 강화해 동북아 평화라는 목적을 효율성 있게 달성해나가는 과정"으로 정의한다. 셋째, 전략적 메타거버넌스의 관점에서 동북아 평화 거버넌스를 "한국 정부가 국제·동북아·남북 관계·국내 차원에서 예산, 네트워크·조직, 정보·지식, 갈등 해소·분쟁 해결이라는 전략 자원의 메타적 조정 기능을 통해 행위자들의 자율성, 전문성, 참여성, 네트워크, 분권화, 효율성을 제고시켜 동북아 평화의 제도, 물적 능력, 이념 등을 달성해나가는 과정"으로 정리할 수 있다. 이 연구는 기본적으로 첫 번째 정의에 기반을 둔다.

한편, 평화 거버넌스는 한반도 평화 거버넌스와 동북아 평화 거버넌스로 구분할 수 있다. 국제 체제를 구성하는 하나의 하위 단위에 불과한 한반도 평화 거버넌스는 좀 더 상위의 단위인 지역 체제나 국제 체제의 영향을 받을 수밖에 없다. 따라서 한반도 평화 거버넌스와 동북아 평화 거버넌스는 구조적으로 맞물려 있다. 그럼에도 이 두 거버넌스는 '같이 또 따로' 진행될 수 있다. 즉, 한반도 평화 거버넌스가 구축된다 하더라도 동북아 평화 거버넌스가 구축되지 않을 수 있으며, 이것의 역의 경우도 가능하다. 이런 점에서 평화 거버넌스(평화 체제) 구축과 관련된 다양한 과제 중 어떤 것은 한반도 차원에 국한되어 있지만, 또 어떤 것은 동북아 차원에서 검토되어야 하는 것도 있고, 또 다른 어떤 것은 한반도 차원뿐만 아니라 동북아 차원에서도 논의되어야 할 것이다.

가령, 주요 쟁점 중 하나인 동맹 체제와 평화 체제 문제는 양 차원에서의 평화 체제 구축에서 북·중 동맹, 한·미 동맹, 미·일 동맹 등의 구조 조정과 역할 변화, 주한 미군의 전략적 유연성, 유엔사(UNC)의 위상 변화 등과 연계되어 있고, 주기적인 예방 외교나 전략 대화는 동북아 차원의 거버넌스 구축과 관련이 있으며, 이러한 논의들은 아시아 패러독스(paradox) 극복을 위한 동아시아 국가 간 대화 채널의 형성으로 이어질 수도 있다.[9]

3. 한국 정부의 동북아 평화 거버넌스에 대한 논의

1) 노무현 정부까지의 동북아 평화 거버넌스 논의

동북아 역내 국가들의 다자안보 협력에 대한 가능성은 2005년 9·19 공동 성명을 통해 확인되었다. 이 성명에서 6자는 '동북아의 항구적인 평화와 안정을 위해 공동 노력하기로 공약'하고 '동북아의 안보 협력 증진을 위한 방안과 수단을 모색하기로 합의'했다. 그리고 2·13 합의에서도 '참가국들은 상호 신뢰를 증진시키기 위한 긍정적인 조치를 취하고 동북아에서의 지속적인 평화와 안정을 위한 공동 노력을 할 것을 재확인'했고 5개 실무그룹 중 하나로 동북아 평화·안보 체제(Northeast Asia Peace and Security Mechanism) 실무그룹을 설치했다.

그런데 동북아 다자안보 협력체의 태동 가능성은 동북아 안보 질서와 미

---

9) 이수형, 「동북아 평화협력구상: 비전과 목표, 주요 의제 및 추진전략」, 『국가와 정치』, 20집(2014), 109~112쪽.

국의 정책에 적지 않은 영향을 미치고 있다. 냉전기 동북아 안보 환경의 특징은 미국을 중추로 한 수직적인 일방주의의 집합이었다. 냉전기에 미국은 동북아에 대해 서유럽과 다른 방식으로 지역질서를 구축했다. 서유럽에서는 다자적이고 협력적인 지역 차원의 정책을 추진한 반면, 동북아에서는 미국의 일방주의 정책을 고집했다.[10] 물론 탈냉전 이후 동북아에서는 다자안보 협력에 대한 논의가 활발하게 진행되었다. 민간과 정부 차원의 아세안지역안보포럼(ARF), 아태안보협력이사회(CSCAP), 동북아협력대화(NEACD), 아시아교류신뢰구축회의(CICA) 등이다.

이 논의들은 꾸준한 성과를 내고 있지만 제도적 장치의 마련이 미비하고 협력 책임을 진 주도국이 부재하기 때문에 그 협력 수준은 서유럽 및 북·미와 비교하면 초보적 단계일 수밖에 없었다. 그런데 북핵 문제가 불거지자 동북아 다자안보 협력에 대한 진전이 이루어졌었다. 특히 미국에게는 북핵 문제 및 6자회담이 동북아에서 효과적인 안보 협력을 시험하는 계기가 되었다. 미국이 안보 협력에 실패한다면 핵 확산은 물론 점차 증가하는 지역적 긴장 속으로 빨려 들어갈 것이고 동북아에서 주도권 지위에 타격을 받을 수 있기 때문이다. 반면, 중국과 일본, 러시아가 공동 입장을 가지고 대응하도록 하는 데 성공한다면 유라시아에까지 미치는 폭넓은 안보 협력의 선례를 만들 수 있었다.[11]

---

10) T. J. Pempel, "The Soft Ties of Asian Regionalism," *paper presented at International Conference on Building an East Asian Community: Visions and Strategies*(Asiatic Research Center, Korea University, Seoul, December 11, 2002), pp.108~109.

11) 즈비그뉴 브레진스키, 『제국의 선택: 지배인가 리더십인가』, 김명섭 옮김(서울: 황금가지, 2004), 185쪽.

동북아 다자안보 협력에 대한 한국 정부의 관심은 이미 1998년 10월 노태우 대통령이 유엔총회 연설에서 동북아 6개국을 대상으로 하는 '동북아 평화협의회(Consultative Conference for Peace in Northeast Asia)' 창설을 제안함으로써 표명되었다. 다자안보 협력에 가장 적극적이었던 때는 노무현 행정부 시기였다. 노무현 행정부는 다자적 방식이 동북아 긴장 완화, 북한의 체제 생존 및 개방, 군비 경쟁 억제, 통일 과정에서 주변국 협력 등에 긍정적으로 작용할 것이라고 생각하고 동북아 차원의 협력에 많은 비중을 두고 정책을 펼쳐나갔다.[12] 전통적으로 양자 관계를 중시하는 북한은 체제 안보와 재건을 위해서는 단기적으로 북·미 관계 개선이 중요하나, 실제 북·미 간 대타협이 이루어진다고 해도 이후 미국이 대북 지원을 할 경제적 여력과 의사가 없다는 점을 인식하고 또한 다자주의가 미국의 일방주의적 정책을 제어할 수 있다는 현실적 판단하에 다자안보 협력에 소극적이나마 긍정적 신호를 보내고 있다.[13]

이렇듯 동북아 역내 국가들은 다자안보 협력에 대체로 긍정적 입장이다. 중국, 일본, 러시아가 좀 더 적극적이고 미국은 오바마 행정부 출범 이후 소극적 태도에서 벗어나고 있으며 한국은 그간 적극적 추진 의사를 밝혔으나 이명박 정부에 들어서는 구체적 의견을 제시하지 않았다. 다만, 북한도 다자안보 협력의 불가피성을 인정하고 있지만 아직까지는 양자 관계를 중시하고 있다.

---

12) 박종철, 「동북아 다자안보협력 방안」, 『동북아 안보·경제 협력체제 형성방안』(서울: 통일연구원, 2003), 355~360쪽.

13) 이수훈, 『세계체제, 동북아, 한반도』(서울: 아르케, 2004), 174~175쪽.

2) 박근혜 정부의 동북아 평화 거버넌스 논의: 동북아 평화협력 구상

박근혜 정부의 한반도 신뢰 프로세스의 목표는 튼튼한 안보를 바탕으로 남북 간 신뢰를 형성함으로써 남북 관계를 발전시키고, 한반도에 평화를 정착시키며, 나아가서 통일 기반을 구축하려는 것이다. 한반도 평화 정착과 관련해서는 남북 협력과 국제 협력의 균형을 통해 북한의 비핵화를 달성하고 남북 간 정치적·군사적 신뢰를 증진시켜 지속 가능한 평화를 정착시킨다는 것이다. 이 목표를 위한 추진 과제 중 한반도의 지속 가능한 평화를 추구하기 위해서는 북핵 문제 해결을 위한 남북 간 실질적 협의체를 추진하고, 6자회담, 한·미·중 전략 대화 등을 통해 비핵화 협상 동력을 강화하겠다고 밝혔다.

또한 한반도 평화통일과 동북아 평화협력의 선순환 모색을 추진 과제로 제시했다. 먼저, 동북아의 지속 가능한 평화와 발전 추구를 통해 궁극적으로 북한 문제 해결에 기여한다는 것이다. 동북아의 지속 가능한 평화를 위해 테러, 환경, 인도주의, 재난 대응 등 협력이 용이한 비전통적 안보 협력을 추진하고, 남북 협력과 동북아의 갈등구조 완화를 위해 다자간 협력의 틀을 마련해 동북아 차원의 신뢰를 구축하고 새로운 질서를 창출하겠다는 것이다. 다음으로 실용적 통일 외교의 차원에서 북방 3각 협력을 추진하겠다는 것인데, 한반도와 동북아의 공동 이익과 평화 조성을 위해 에너지·물류 등의 분야에서 남·북·러 및 남·북·중 3각 협력을 추진하고, 북방 3각 협력 추진 과정에서 관련 국제기구와의 협력도 적극 모색하겠다는 것이다.

이러한 기조하에서 박근혜 정부는 동북아 평화협력 구상이 한반도 신뢰 프로세스와 함께 동북아와 한반도에서 새로운 협력 질서를 만들어가고자 하는 구상으로, 상호 시너지 효과를 주고받는 선순환 관계라고 주장했다.

즉, 박근혜 정부는 동북아와 한반도의 지속 가능한 평화발전 문제는 상호 불가분의 관계에 있기 때문에 동북아 평화협력 구상은 한반도 신뢰 프로세스와의 긴밀한 조율 속에서 추진해나갈 것을 천명했다.

이처럼 박근혜 정부의 동북아 평화협력 구상은 한반도 문제를 한반도 내에만 국한시키는 것이 아니라 국제적 인식 속에서 출발했다고 하겠다. 박근혜 대통령은 동북아 국가들과 미국이 연성 안보 이슈, 가령 환경과 재난 구조, 원자력 안전, 테러 대응 등부터 대화와 협력을 통해 신뢰를 쌓고 점차 경성 안보 이슈로까지 범위를 넓혀가는 동북아 다자간 대화프로세스를 시작할 때가 되었다고 하면서, 여기에는 북한도 참여할 수 있고, 또한 이러한 프로세스는 유럽의 경험에서 교훈을 얻을 수 있을 것이라고 주장했다. 이러한 점에서 동북아 평화협력 구상은 미국을 포함한 동북아 국가들이 역내 평화와 안정에 이해를 공유하는 모든 이해관계국들과 함께 신뢰 구축과 다자간 협력을 추구해 이를 통해 지역 안정과 공동 발전의 토대를 마련해가는 것을 의미한다.[14)]

동북아 평화협력 구상은 첫째, "동북아 지역은 경제적으로는 서로 의존하고 있지만 영토적·안보적·정치적 갈등은 고조되는 '아시아 패러독스(Asia's paradox)'에 직면해 있다"는 평가에 기초해 있다. 고속 성장과 개방적 협력을 통해 부상하는 아시아가 갈등과 대립의 아시아로 전환될 우려에서 나온, 아시아 패러독스를 극복하기 위한 대안으로 등장한 것이 '동북아 평화협력 구상'이다. 현재 아시아는 정치적·안보적 측면뿐만 아니라 경제적 측면에서도 전략적 영역으로 부상하면서, 지정학적 대립·갈등과 지경학적 개방·협

---

14) 윤덕민, 「박근혜 정부의 대외정책: 매력적이고 책임감 있는 대한민국」, 한국정치·관훈클럽 공동학술회의자료집(2013.2.25), 10쪽.

력이 상호 모순적인 양상으로 나타나고 있다. 장기적으로는 지정학의 갈등이 지경학(地經學)의 협력을 압도해 역내 경제성장의 원동력을 거세할 뿐만 아니라 역사적 논쟁의 격한 재발이 표출될 수도 있다. 이러한 아시아 패러독스의 지정학과 지경학의 반비례성과 상호 모순성을 극복하기 위한 노력이 동북아 평화협력 구상인 것이다.

둘째, "동북아의 안보 협력을 통해 한반도 평화 체제 구축의 유리한 환경을 마련하고 동시에 한반도 평화 체제가 동북아 평화 정착에 근본적 동력을 제공한다는 것"이라는 인식이 깔려 있다. '동북아 평화협력 구상'은 동북아 평화협력이 한반도 평화협력과 지정학적·기능적으로 연계되어 있고, 특히 동북아에 대한 전략적 판단은 정책 추진의 효용성과 한국의 적극적 역할을 고려했기 때문이다. '동북아 평화협력 구상'의 비전은 아시아 패러독스의 극복을 통해 평화와 협력의 쌍방향의 선순환구조가 작동할 수 있는 새로운 동북아 질서를 창출하는 것이고, 이를 위해 ① 신뢰 관계 구축 ② 평화협력 체제 구축 등을 구현하는 것이다.

셋째, 동북아 국가들 간에 지속 가능한 신뢰 관계를 구축하는 것이다. 유럽에서는 기독교적 전통, 민주주의와 시장경제라는 가치 등 공감대가 확고하게 형성되어 있지만, 동북아 국가들 간에는 역사적 전통과 정치·경제체제 등에서 차이가 있다. 더구나 과거사 문제는 동북아 역내 국가들과 국민에게 각인된 역사적 상흔이라 할 수 있다. 한·중·일 3국간의 정확한 역사 인식에 바탕을 둔 대화해(grand reconciliation)는 '동북아 평화협력 구상'의 출발점이 되는 것이다.

넷째, 동북아 내에서 평화협력 체제를 구축하는 것이다. 동북아 상황은 여타 지역보다 기능적 연계가 미약하고, 역내 지정학적 갈등이 지경학적 협력을 통한 역내 지속적 발전을 저해하고 있다. 특히, 동북아에서 정치적·군사적 갈등이 재등장할 경우를 대비한 갈등의 조정 기제가 부재하다. 미래 지향적인 미·중 관계, 중국과 미국의 아시아 중시정책(pivot to Asia), 신형대국 관계 등에 대비하는 구상이 필요하다는 것이다.[15]

4. 동북아 평화 거버넌스에 대한 북한의 입장과 대응

1) 한반도 평화 체제와 동북아 평화 거버넌스에 대한 쟁점[16]

한국 정부는 한반도 통일을 평화적·점진적으로 추구하겠다는 입장을 가지고 있다. 이러한 평화적·점진적 통일 과정은 한반도 평화 체제 구축과 경제·사회공동체 형성을 통해 진전 가능하다는 것이다. 한국은 '민족공동체 통일방안'을 통해 평화적·점진적 통일의 과정으로 '화해협력→남북연합→통일국가 완성'의 3단계를 제시했다. 화해협력 단계는 남북 간 대립과 적대의 관계를 한반도 평화 체제 구축을 통해 평화공존과 공동번영의 관계로 발전시켜나가는 시기이다. 남북연합 단계는 남북연합기구를 구성·운영해, 경제·사회공동체를 형성·발전시키면서 '사실상의 통일' 상황을 실현해나가는 시기이다. 통일국가 완성 단계는 민주적 방식과 절차에 따라 통일헌법을 확정·공포해 법적·제도적 통일을 이룩하고, 정치·경제·사회·문화 등 부문별 통합을 완성해나가는 시기이다.

---

15) 이수형, 「동북아 평화협력구상: 비전과 목표, 주요 의제 및 추진전략」, 100~106쪽 재구성.
16) 김갑식, 「남북관계와 북한변화」, ≪현대북한연구≫, 12권 1호(2009), 72~77쪽에서 발췌.

한국의 평화 체제 구축 과정은 '선(先)평화 증진, 후(後)평화협정 체결'이지만, 노무현 정부 시기에는 정치적·군사적 신뢰 구축을 통해 평화 분위기가 충분히 갖춰지지 않았을 경우라도 비핵화의 추진 과정에서 평화협정 체결이 가능한 상황이 오면 이를 조기에 실현하는 방안에 관심을 갖기도 했다. 이는 평화협정을 한반도 비핵화와 군사적 긴장이 완전히 해소된 이후에 추진하는 것이 아니라, 오히려 비핵화와 냉전 구조의 해체를 촉진하기 위한 수단으로도 활용할 수 있다는 전략이다.

북한의 기본 구상은 '남북한 불가침선언', '북·미 평화협정', '남북 간 무력 감축', '주한 미군 철수' 등 네 가지로 구성되어 있다. 북한은 북·미 수교와 한반도 평화협정에 적극적 관심을 표명하고 있다. 평화 체제 수립은 한반도 비핵화 실현을 위해 반드시 거쳐야 할 노정이고, 정전 체제를 평화 체제로 전환하게 되면 미국의 적대시 정책과 핵 위협이 없어지게 되며 자연히 비핵화 실현으로 이어지게 된다는 것이다. 북한은 지난 4차 6자회담에서 평화 체제 및 평화협정 당사자 문제와 관련해 남한의 참여 가능성을 시사했고 평화 체제 문제는 북·미 간 논의되어야 하나, 남·북·미 3자도 가능하다고 했다.

미국은 평화협정과 북·미 수교의 병행 추진에 기반을 둔 적이 있다. 4자회담에서 북·미 평화협정을 거부하고 그 대신, 남북한과 미·중이 참가하는 '4자협정'을 기본 협정(umbrella agreement)으로 하고, '남북 양자협정'과 '북·미 양자협정'을 부속 협정으로 하여 서로 맞물린 한반도 평화협정의 구조를 고려할 수 있다는 입장을 표명한 바 있다. 최근에 와서는 선(先)비핵화 후(後)평화협정 체결 또는 평화협정 협의 내 비핵화 포함 등으로 평화협정 논의가 다양화되고 있다. 북·미 수교17)는 미 의회의 비준 절차가 필요하기 때문에 단계적 추진이 이루어질 것으로 보인다.

중국의 대한반도 정책은 기본적으로 한반도의 평화와 안정, 북한 체제의 붕괴 방지, 한반도에 대한 영향력 증대 등이다. 중국은 정전협정 서명 당사국의 일원이라는 이유로 국제법적으로 한반도문제에 대해 발언권을 가지고 있다고 생각하고 있다. 4자회담에서 중국은 평화협정의 당사자와 관련해 평화협정이 정전협정을 대체하는 것인 만큼 양자협정이 되기 어려울 것이며, 중국이 정전협정 체결의 일방이라는 사실이 고려되어야 한다는 입장을 취했다.[18] 또한 정치·경제·군사 분야에서 포괄적인 긴장 완화를 추진하되, 평화협정 체결 이후 남·북·미 등 관련국들이 협의해 주한 미군 문제를 해결할 필요가 있다는 입장이었다. 6자회담을 진행하면서 대화와 협상을 통해 한반도 평화 체제를 구축하기를 바라며, 남북이 대화와 협상을 통해 자주평화통일을 실현하길 희망한다는 입장을 밝혔고, 특히 중국 정부가 이 문제에서 적극적인 촉진 작용을 할 것이라고 주장했다.

한반도 평화 체제 논의는 4개국이 주도할 수밖에 없다(교전 당사자 및 정전협정 서명국 논리, 9.19 공동 성명과 2.13 합의의 별도 포럼 구성). 기본 쟁점은 남한과 북한의 입장 차이다. 미국의 입장은 남한의 입장과, 중국의 입장은 북한의 입장과 크게 다르지 않다. 향후, 한반도 평화 체제에 대한 구체적 논

---

17) 북한이 북·미평화협정을 고집했던 이유는 평화협정에 들어가게 될 '상호 주권존중', '내정 불간섭', '불가침 및 무력 불행사', '분쟁의 평화적 해결'과 같은 약속을 미국으로부터 문서로 보장받고 싶기 때문이다. 그러나 그 내용들은 북·미 수교를 통해서도 보장받을 수 있는 것들이다.

18) 중국 공식 입장은 아니지만, 췌리루(崔立如) 중국현대국제관계연구원(CICIR) 원장은 2006년 5월 2일 동국대 발표에서 한반도평화 체제와 관련 2단계를 제시했다. 1단계로 정전협정 조인 국가들인 미국, 북한, 중국의 3개국이 적당한 방식으로 양해각서를 체결해 '정전협정'의 정치적 사명을 종결되었음을 선포하고, 2단계로 한국이 참가하는 4개국이 한반도 평화협정 체결을 추진한다.

〈표 5-1〉 한반도 평화 체제 관련 쟁점

구분	남한	북한
평화관	· 한반도에서 전쟁 방지와 평화제도화, 북한의 국제사회 참여로 안보적 불안정성 제거	· 북·미 수교, 미국의 대북 적대시 정책 철회로 북·미 간 평화공존 실현 및 남북 간 자주적 통일의 여건 조성
평화협정 당사자	· 기본적으로 남북 당사자 해결 원칙, 평화협정은 남북이 중심에 서고 국제사회(미·중)가 지지·보장 ▶ 당사자 문제에 신축적이기도	· 1974년 이후 북·미 평화협정 체결 견지 ▶ 한때 한국 참여에 긍정적, 평화협정 논의는 남·북·미·중 4개국
평화협정 내용	· 남북 간 긴장 완화와 불가침 · 국제적 지지·보장	· 대북 적대시 정책 철회, 주한 미군 철수 ▶ 주한 미군 철수 언급 않기도
평화 체제 구축 과정	· 선(先)평화 증진 후(後)평화협정 체결 ▶ 한때 순서에 얽매이지 않는 입장에 관심, 최근 원칙적 입장 견지	· 핵보유하(下) 북·미 평화협정 체결 → 전 세계의 비핵화 실현
주한 미군	· 주한 미군 문제는 기본적으로 한미 상호방위조약에 따르는 것 · 남북 또는 북·미 간 협의 의제 아님	· 평화협정 체결과 병행해 주한 미군 철수 요구 ▶ 한때 잠정협정에서 주한 미군 성격 전환 시 주둔 가능 입장 표명
유엔사 문제	· '정전협정' 제17항에 따라 정전 체제가 존속되는 한 정전협정의 집행기관으로 유엔사령부의 기능이 유지되어야 한다. · 다만, 평화협정이 체결되고 새로운 평화보장관리기구가 구성될 경우, 발전적 해체 검토 가능	· 유엔사는 유엔과 무관한 불법적 간섭 도구이므로 해체되어야 하며, 특히 평화협정이 체결되면 해체되는 것이 당연
평화 보장 관리 문제	· '비무장지대'를 평화지대로 전환하고 '남북 군사공동위원회'를 구성해 남북 간 공동 관리	· 평화협정에 앞선 잠정협정 체결 및 '조·미 공동군사기구' 설치 제의 · 1998년 10월 새로운 군사공동기구인 남·북·미 3자 간 군사안전보장위원회 설치 제의

의가 전개될 경우 한·미, 북·중 내부 간의 이견이 도출될 여지는 있다.

2) 동북아 평화 거버넌스에 대한 북한의 대응과 평가[19]

김정일 시대 북한은 미국 중심의 '1극화 체제'에는 반대하지만 중국, 러시아, 유럽연합 등 국제 관계의 다각적인 발전과 '다극화 체제' 또는 '지역적 일체화'에는 긍정적인 입장이었다. 북한은 "랭전 후 미국이 '유일초대국'으로 자처하면서 1극화 세계를 수립하려고 악랄하게 책동하였으나 대국들과 많은 나라들이 특정한 렬강의 지배적 지위와 독점권이 강화되는 것을 막기 위해 활발한 움직임을 보인 결과 세계정치구조는 점차 다극화 구조로 바뀌지기 시작했다. 미국이 무제한한 시장확대와 지배와 략탈의 독점적 국제질서수립을 노리고 있지만 그것도 파산의 운명에 처하고 있다"고 주장했다. "로씨야와 중국이 미국의 1극화 책동에 정면으로 맞서고 있으며 유럽동맹국들이 유럽을 통합해 미국의 지배에서 벗어나 독자적으로 나아갈 것을 지향하고 있다"[20]며 높게 평가했다.

김정은 정권은 김정일 시대와 마찬가지로 국제정치의 본질적 속성을 갈등적인 무정부상태(anarchy)로, 국가 간 상대적 힘(power)의 차이가 그 관계의 성격을 결정하는 것으로 인식하고 있다. 그리고 여전히 '제국주의 대 반제국주의'의 대결 구도로 국제정치를 인식하고 있다. "자기의 리익을 위해서는 남의 리익을 서슴없이 희생시키는 오늘의 국제사회"[21]이고, "오늘 국

---

19) 김갑식, 「세계화·정보화와 북한의 국가정체성」, ≪통일정책연구≫, 13권 2호(2004), 153~155쪽에서 발췌.

20) ≪로동신문≫, 2002년 1월 16일, 2001년 1월 2일 자.

21) ≪로동신문≫, 2013년 2월 14일 자.

제무대에서 주권국가들에 대한 제국주의자들의 간섭과 군사적 침략책동으로 인류의 평화와 안전에 엄중한 위험이 조성되고 있"22)다고 바라본다. 국제연합과 같은 국제기구의 의사결정 과정에서도 힘의 논리, 강대국의 논리가 적용된다고 인식하고 있다.

동북아 국제정치에 대한 인식에서도 국제 질서에 대한 기본적인 사고방식이 그대로 반영되어 있으며, 한반도 문제와 관련된 동북아의 주변 국가들에 대한 반감을 가지고 있다. "아시아태평양지역은 항시적인 긴장이 떠도는 세계최대의 열점지역"이고, "조선이 강해지는 것도 잘사는 것도 통일되는 것도 바라지 않으며 오직 저들의 리익과 세력권쟁탈의 희생물로 영원히 남아있어야 한다는 승냥이 론리"라는 것이다. 동북아 국제정치에서 한반도의 지정학적 위치가 가지는 의미와 강대국 정치의 영향력을 받을 수밖에 없는 현실을 인식하고 있다. "조선의 지정학적 위치는 변함이 없다. 허나 웬만한 대국들도 용단내리지 못할 대결을 존엄높이 맞받아나가아가는 내 나라의 오늘의 형세는 자주권이야말로 우리의 생존권이고 정의의 선택이라는 최대의 각성으로 누구나 심장이 뛰게 한다."23)

한국 정부는 동북아 평화협력 구상에 대해 미국과 중국의 협력을 요청했다. 그러나 동북아 평화협력 구상에 대한 북한의 입장은 아직까지는 비판적이다. ≪우리민족끼리≫는 논설을 통해 "'동북아 평화협력 구상'은 미국의 세계제패 야망실현을 위한 것으로서 그 어떤 실현 가능성도 없는 허황한 망상일 뿐"이라며 이 구상에 동북아 정세에 대한 이해가 결여되어 있다고 주장했다. ≪우리민족끼리≫는 "수많은 핵전쟁 시한탄이 깔려있는 남조선의

---

22) ≪로동신문≫, 2013년 1월 1일 자.
23) ≪로동신문≫, 2013년 1월 1일, 2월 14일 자.

위험상황은 아랑곳없이 동북아시아지역이니, 환경과 재난 구조니 하는 소리를 늘어놓고 있으니 얼마나 유아적인가"라고 비난했다.[24] 물론 북한은 그동안 박 대통령이 거론한 환경과 재난 구조, 원자력 안전, 테러대응 등의 의제에서 중국을 제외한 다른 동북아 국가들과 협력에 나선 사례도 거의 찾아볼 수 없다.

하지만, 북한의 입장은 비판적 기조만은 아니다. 북한 계간지 ≪사회과학원 학보≫(2013년 2월 15일 발행)는 「동북아시아 나라와 지역들 사이의 경제협력을 활성화하는 데서 나서는 몇 가지 문제」라는 제목의 글에서 세계 경제의 블록화 추세에 동북아 국가들이 역내 경제협력을 새로운 수준으로 발전시키는 것은 미룰 수 없는 절박한 과제라고 주장했다. 잡지는 동북아 경제협력의 당면 과제를 구체적으로 제시했는데, 우선 동북아에서 다각적인 수송 및 통신망을 구축해야 하고, 인프라에 필요한 자금을 조달하기 위해 동북아시아개발은행 창설, 정부개발원조(ODA) 등을 활용해야 한다고 강조했다. 또한 잡지는 동북아 지역 내 공동관광계획을 작성하고 관광협력기관을 설립하는 방안도 제안하는 등 관광사업 협력을 역설하는 한편 동북아시아 경제공동체와 같은 전 지역적 기구를 창설해야 한다고도 언급했다.

5. 나가며

지금까지 한반도 평화 체제를 중심으로 동북아의 평화 거버넌스의 가능성을 살펴보았다. 우리의 입장에서 평화 거버넌스는 한반도 평화 거버넌스

---

24) 연합뉴스, 2013년 5월 15일 자.

와 동북아 평화 거버넌스로 구분할 수 있다. 한반도 평화 거버넌스는 국제 체제를 구성하는 하나의 하위 단위에 불과하기 때문에 좀 더 상위의 단위인 지역 체제나 국제 체제의 영향을 받을 수밖에 없다. 따라서 한반도와 동북아의 평화 거버넌스는 구조적으로 맞물려 있다. 현재까지 북한은 동북아 평화협력 구상에 대해 주로 비판적 입장을 취하고 있다. 그러나 긍정적인 변화의 가능성도 존재하는데, 관광 등 경제적 차원에서는 평화적 협력의 필요성을 강조한다는 점이다.

이러한 점에서 평화 체제를 구축하기 위한 노력은 이른바 기능주의적 차원과 정치적·군사적인 차원이 상호작용을 할 수 있도록 유연한 공간을 확보하는 것이 필요하다 하겠다. 그리고 한반도 평화 체제 역시 글로벌 거버넌스에 대한 북한의 인식 변화가 없이는 불가능한 것이기 때문에 평화 체제의 구축 과정에서 북한의 법제적 인식을 토대로 평화 체제의 구성이 협의되어야 할 것이다.

참고문헌

1. 북한 자료

≪로동신문≫.

2. 국내 자료

1) 단행본

백종천·이민룡. 1993. 『한반도 공동안보론』. 서울: 일신사.

브레진스키, 즈비그뉴(Zbigniew Kazimierz Brzezinski). 2004. 『제국의 선택: 지배인가 리더 십인가』. 김명섭 옮김. 서울: 황금가지.

송대성. 1998. 『한반도 평화체제: 역사적 고찰, 가능성, 방안』. 성남: 세종연구소.

이수훈. 2004. 『세계체제, 동북아, 한반도』. 서울: 아르케.

함택영 외. 2007. 『한반도 평화체제 거버넌스 활성화 방안』. 서울: 통일연구원.

허문영 외. 2006. 『한반도 평화체제 거버넌스 실태조사』. 서울: 통일연구원.

2) 논문

강순원. 2002. 「한반도 평화실현을 위한 사회문화적 재구성」. 『21세기 평화학』. 서울: 풀빛.

김갑식. 2009. 「남북관계와 북한변화」. ≪현대북한연구≫, 12권 1호.

_____. 2004. 「세계화·정보화와 북한의 국가정체성」. ≪통일정책연구≫, 13권 2호.

김기정. 2002. 「한반도 평화의 거버넌스」. 『21세기 평화학』. 서울: 풀빛.

김명기. 1997. 「평화체제 구축에 관한 이론적 개관」. 『한반도 평화체제의 모색』. 서울: 경남 대 극동문제연구소.

박종철. 2003. 「동북아 다자안보협력 방안」. 『동북아 안보·경제 협력체제 형성방안』. 서울: 통일연구원.

윤덕민. 2013. 「박근혜 정부의 대외정책: 매력적이고 책임감 있는 대한민국」. 한국정치·관훈 클럽 공동학술회의자료집(2013.2.25).

이수형. 2014. 「동북아 평화협력구상: 비전과 목표, 주요 의제 및 추진전략」. 『국가와 정치』. 20집.

콕스, 로버트(Robert Cox). 1997. 「사회세력, 국가, 세계질서: 국제관계이론을 넘어서」. 『국제관계론강의 2』. 서울: 한울.

3) 기타 자료

연합뉴스.

2. 국외 자료

Pempel, T. J. 2002. "The Soft Ties of Asian Regionalism." *paper presented at International Conference on Building an East Asian Community: Visions and Strategies*. Asiatic Research Center, Korea University, Seoul, December 11.

Pempel, T. J. "The Soft Ties of Asian Regionalism." *paper presented at International Conference on Building an East Asian Community: Visions and Strategies* (Asiatic Research Center, Korea University, Seoul, December 11, 2002).

엮은이

윤대규

미국 워싱턴대학교(University of Washington) 법학 박사

현재 경남대학교 서울부총장, 경남대학교 극동문제연구소 소장

주요 저서: 법사회학(1997), 북한 경제개혁을 위한 새로운 패러다임(2006), 북한에 대한 불편한 진실(2013) 외 다수

주요 논문: 「북한주민의 법의식 연구」(2005), 「주요 국가의 개도국에 대한 법제정비 지원사업」(2008), 「북한사회의 변천과 헌법의 변화」(2010) 외 다수

지은이(가나다순)

구갑우

서울대학교 정치학 박사

현재 북한대학원대학교 교수

주요 저서: 『국제관계학 비판: 국제관계의 민주화와 평화』(2008), 『북한의 국제관과 동북아 질서』(공저, 2011) 외 다수

주요 논문: 「녹색평화국가론과 한반도 평화체제」(2010), 「아일랜드섬 평화과정 네트워크의 형태변환」(2013) 외 다수

김갑식

서울대학교 정치학 박사

현재 통일연구원 연구위원

주요 저서: 『한반도 평화체제 거버넌스 활성화 방안』(2007), 『꼭 알아야 할 통일·북한 110가지』(공저, 2011) 외 다수

주요 논문: 「남북기본합의서에 대한 북한의 입장」(2011), 「김정은 체제의 특징과 향후 전망」(2012) 외 다수

박병인

러시아 모스크바 국립대학교(Moscow State University) 경제학 박사

미국 듀크대학교(Duke University) 방문 학자

주요 저서:『한반도 관련 중국의 협조방안』(공저, 2011) 외 다수

주요 논문:「동북아 안보질서의 변화와 북한의 인식」(공저, 2011) 외 다수

이수훈

미국존스홉킨스대학교(Johns Hopkins University) 사회학 박사

현재 경남대학교 교수

주요 저서:『한반도 통일론의 재구상』(공저, 2012),『동북아 공동의 미래를 생각한다』
(2013) 외 다수

주요 논문:「탈냉전·세계화·지역화에 따른 동북아질서 형성과 남북관계」(2009) 외
다수

최봉대

서울대학교 사회학 박사

현재 경남대학교 극동문제연구소 객원 연구위원

주요 저서:『동북아 지역협력과 북한의 체제전환: 시나리오를 통해 본 동북아 미래구
도』(공저, 2012) 외 다수

주요 논문:「북한의 지역경제협력 접근방식의 특징」(2011),「북한의 도시 연구: 미시
적 비교의 문제틀 모색과 방법적 보완 문제」(2013) 외 다수

최완규

경희대학교 정치학 박사

현재 신한대학교 탈분단경계문화연구원 원장

주요 저서:『북한 '도시정치'의 발전과 체제변화』(2007),『동북아 질서 재편과 북한의
정치경제적 변화』(공저, 2010) 외 다수

주요 논문:「북한 체제의 지탱요인 분석: 쿠바 사례와의 비교론적 접근」(2006),「김대
중 정부 시기 NGO 통일교육의 양극화 현상」(2011) 외 다수

한울아카데미 1858

경남대 극동문제연구소 북한연구 시리즈 44

글로벌 거버넌스와 북한의 정치 경제

엮은이 ㅣ 윤대규
지은이 ㅣ 구갑우 · 김갑식 · 박병인 · 이수훈 · 최봉대 · 최완규
펴낸이 ㅣ 김종수
펴낸곳 ㅣ 한울엠플러스(주)
편   집 ㅣ 조인순

초판 1쇄 인쇄 ㅣ 2016년 6월 24일
초판 1쇄 발행 ㅣ 2016년 6월 30일

주소 ㅣ 10881 경기도 파주시 광인사길 153 한울시소빌딩 3층
전화 ㅣ 031-955-0655
팩스 ㅣ 031-955-0656
홈페이지 ㅣ www.hanulmplus.kr
등록번호 ㅣ 제406-2015-000143

Printed in Korea.
ISBN 978-89-460-5858-3 93340

※ 책값은 겉표지에 표시되어 있습니다.

이 저서는 2011년도 정부 재원(교육부 인문사회연구역량강화사업비)으로
한국연구재단의 지원을 받아 연구되었습니다(NRF-2011-413-B00005).